はじめての
アクション・リサーチ
英語の授業を改善するために

佐野正之【編著】
Sano Masayuki

Action Research

大修館書店

まえがき

　もし，体調がすぐれないと気づいたら，あなたはどうしますか。まず，「何か身体に悪いことをしたかな」と振り返ると同時に，体温を測ったりして理由を探り，常備薬を飲んだり，食事を制御したりして対策を講じ，それでも回復しないとわかれば医師の診断を受けます。とにかく振り返りと実態把握で問題を特定し，それへの対応策を講じて実行し，効果がないとわかれば別の対策を試みるでしょう。

　授業改善でも同じです。授業で何かの問題に気づいたら，実態の把握と原因の究明に努め，対策を講じて実践し，結果を検証して解決を目指します。これがアクション・リサーチです。理論からではなく，現場の問題意識から発想するこの手法は，いろいろな悩みを抱えている教師の共感を得ました。そして，英語指導力向上研修の波に乗って全国的に広まりを見せています。現在では，個人や教科の枠を越えて，地域や学校全体でこの手法を用いた共同研究が始まっています。この間，私は北は北海道から南は沖縄まで，アクション・リサーチについて講演して回り，いろいろな出会いや感動を体験しました。これまでの教師生活の中で，最も充実した時だと思っています。

　だが，残念に思うこともありました。どんなに工夫しても，1回の講演ではアクション・リサーチの実践までは手助けできません。ですから，せっかく興味を持っていただいても，調査や対策の立て方がわからず，結局は投げ出す人も少なくないからです。ただ，こうした残念な思いも無駄ではなかったと今では思います。支援なしでアクション・リサーチをするときには，どんな問題に直面し，どこで助力が必要かが見えてきたからです。

この本は，この問題に対する私と私の仲間たちが書いた処方箋です。
　第1部では，アクション・リサーチとは何かを簡単に説明した後，その進め方を，実際に尋ねられた質問に答える形で解説しました。はじめてアクション・リサーチをする人は，こちらが予想もしなかったような誤解をしたり疑問に悩んだりします。ここではそれを防ぐための最低限の情報を素早く与えることを意図しました。
　第2部では，いろいろな教員研修で書かれたアクション・リサーチのレポートを，ARCY（アクション・リサーチの会＠横浜）のメンバーで手分けして読み，問題を拾い出して，それを「基礎・基本」，「リスニング」，「学習意欲」などのテーマに分類しました。その上で，それぞれのテーマに関する理論的な背景知識や具体的な対策を解説しました。こうした知識がないと，対応策を見つけ出すのに苦労するからです。
　さらに教員研修で実際に行われたアクション・リサーチのレポートの概要を紹介しました。本来はもっとくわしく報告するつもりでしたが，プライバシーの問題や紙面の都合で短縮せざるを得ませんでした。そのかわり，同じテーマに関して，ARCYのメンバーが行ったリサーチをかなり詳しく紹介しています。参照していただければ，今後の実践に役立つヒントが見つけ出せると思います。
　第3部では，アクション・リサーチを取り入れた教員研修を支援するために，高知県と神奈川県の先進的な取り組みを紹介しています。計画の立て方，評価の方法，次年度への成果の引継ぎなど，参考になる点が多いと思います。また，これから仲間と活動を始めることを考えている人のために，共同研究をスタートしたばかりの広島県三次市や「アクション・リサーチの会＠近畿」の実践も紹介しています。
　また，巻末に「用語解説」として，各スキルの活動例で紹介した主な用語について解説をしています。参照してください。
　実はアクション・リサーチについては，すでに『アクション・リサーチのすすめ』（英語教育21世紀叢書・大修館書店）という本を出版しています。『アクション・リサーチのすすめ』は，タイトルが示すとおり，

まえがき

アクション・リサーチの歴史や定義，また応用言語学的なリサーチとの比較，リサーチの手法などを解説した概論書です。中学校や高校での実践も紹介していますが，主たる狙いは，アクション・リサーチの研究方法を紹介し，読者を実践にいざなうことにあります。類書が少ないことも幸いしてか，増刷を重ね，多くの読者に迎えられています。嬉しい限りです。しかし，この本を悉皆研修で紹介しているうちに，欲が出てきました。「忙しい先生方のために，実践に必要な情報に焦点化できないか。一番苦労する『仮説の設定』に役立つ英語教育の知識を組み込めないか。研修で実際に書かれたレポートを示せないか。さらに，先進的な研修プログラムを紹介できないか」などです。そこで，本書が誕生したわけです。

ですから，この本は，限られた時間の中で，はじめてアクション・リサーチをする人のための参考書的な側面が強いのです。『アクション・リサーチのすすめ』とあわせて読んでいただければ，理解は一層深まると思います。

このようなねらいですから，私としてはこの本は，まず，アクション・リサーチに取り組み始めた人に読んでほしいと思います。この手法は，見かけは単純ですが，実際は英語教育の知識やテクニックがないと戸惑うことが多いのです。ですから，第1部を読んで進め方の大枠を理解したら，第2部で自分が扱いたいテーマに関連した章を読んで，基礎的な知識や先行の実践例を知ると，リサーチを進める上での戸惑いが少なくなると思います。

また，研修を計画する側の人にも，是非，読んでほしいと思います。第3部が参考になるばかりでなく，リサーチを助言する立場の人に必要な知識がたくさん含まれているからです。この本は，新しい英語教育を推進しようとしている人たちへの応援歌でもあります。

一方で，教師を目指す若い人たちにも読んでほしいと思います。英語教育の現場が抱えている問題を前もって知ることによって，それに対応するには，自分にどんな力が必要かが見えてくるからです。

私はこれまで,アクション・リサーチを登山にたとえてきました。最終的な目標を目指しながらも,途中に中間的な目標を設定し,身近な目標から１つずつクリアしてゆく方法が類似しているからです。また,そこには頂上を見失うことなく,生徒と励まし合いながら,地道な一歩を積み上げてゆく教師の努力を重ねて見ているからです。

　だが,最近,私はアクション・リサーチをガーデニングにたとえてもよいのではないかと思うようになりました。ガーデニングには土つくりが欠かせないように,生徒や仲間との人間関係を深めることがアクション・リサーチには不可欠です。生徒を調べるのではなく,生徒と一緒に調査し,仲間と喜びを分け合ってゆくということです。ガーデニングには,また,種も重要です。土地に合った,丈夫で,美しい花が約束されている理論や指導法を見つけることも大切です。だが,ガーデニングで一番大切なのは,「ゆとり」でしょう。種が芽を出すのを楽しみに待ち,また,出た芽の成長をやさしく見守る気持ちです。アクション・リサーチを進めるにも,「無理するな。急ぐな。楽しんでいこう」という気持ちが大切ではないかと思うようになってきました。

　最後になりましたが,レポートの概要の報告を許可していただき,いわば,陰でこの本を支えてくださった多くの人たちに,また,実践に基づく貴重な原稿を寄せていただいた人たちに,さらには,公務に追われながら,原稿を読み合わせ書き直し,編集会議を重ねて出版までこぎ着けた,ARCY編集委員諸氏に敬意と感謝の意を表します。またさらに,出版にさいして,なみなみならぬ御苦労をおかけした大修館書店の北村和香子氏に心からお礼申しあげます。

平成17年6月

著者代表　佐野正之

はじめてのアクション・リサーチ──英語の授業を改善するために
目次

まえがき　／iii

第1部　授業改善のためのアクション・リサーチ　／3

第1章　アクション・リサーチとは何か………………………………4
1. レモンだらけの教室　4
2. 授業改善の方法　5
3. アクション・リサーチのプロセス　6
4. 実践上の留意点　7
5. アクション・リサーチの一般化　11

第2章　アクション・リサーチの進め方Q&A……………………13
1. 問題の発見に関わる疑問　13
2. 事前調査に関わる疑問　16
3. リサーチ・クエスチョンに関わる疑問　19
4. 仮説の設定に関わる疑問　21
5. 仮説の実践に関わる疑問　25
6. 仮説の検証に関わる疑問　27
7. レポートのまとめ方　29

第2部　テーマ別アクション・リサーチの進め方　／33

第1章　「基礎的な英語力」をテーマにしたアクション・リサーチ…34
1. 背景知識と指導例　34
2. 検証のしかた　43
3. 教員研修で行われたアクション・リサーチ（概要）
　　　　　［ケース1］（中学1年）／［ケース2］（高校1年）　44

  4．アクション・リサーチの実践レポート　（中学3年）　46

第2章　「リスニング」をテーマにしたアクション・リサーチ………53
  1．背景知識と指導例　53
  2．検証のしかた　58
  3．教員研修で行われたアクション・リサーチ（概要）
     　　　　［ケース1］(中学3年)/［ケース2］(中学)　60
  4．アクション・リサーチの実践レポート　（高校3年）　62

第3章　「スピーキング」をテーマにしたアクション・リサーチ……71
  1．背景知識と指導例　71
  2．検証のしかた　80
  3．教員研修で行われたアクション・リサーチ（概要）
     　　　　［ケース1］(高校1年)/［ケース2］(中学3年)　81
  4．アクション・リサーチの実践レポート［1］(中学3年)　83
  5．アクション・リサーチの実践レポート［2］(高校)　90

第4章　「リーディング」をテーマにしたアクション・リサーチ……96
  1．背景知識と指導例　96
  2．検証のしかた　104
  3．教員研修で行われたアクション・リサーチ（概要）
     　　　　［ケース1］(高校1年)　107
  4．アクション・リサーチの実践レポート［1］(中学2年)　108
  5．アクション・リサーチの実践レポート［2］(高校2年)　114

第5章　「ライティング」をテーマにしたアクション・リサーチ……120
  1．背景知識と指導例　120
  2．検証のしかた　126
  3．教員研修で行われたアクション・リサーチ（概要）
     　　　　［ケース1］(中学2・3年)/［ケース2］(高校3年)　129
  4．アクション・リサーチの実践レポート　（高校3年）　131

第6章　「学習意欲」をテーマにしたアクション・リサーチ………139
  1．背景知識と指導例　139
  2．検証のしかた　143

3．教員研修で行われたアクション・リサーチ（概要）
　　　　　　　［ケース1］（高校2年）／［ケース2］（中学2年）　145
　　4．アクション・リサーチの実践レポート［1］（高校1年）　147
　　5．アクション・リサーチの実践レポート［2］（高校1年）　152

第7章　「少人数指導」をテーマにしたアクション・リサーチ………158
　　1．背景知識　158
　　2．検証のしかた　159
　　3．アクション・リサーチの実践レポート［1］（中学3年）　160
　　4．アクション・リサーチの実践レポート［2］（中学1年）　167

第8章　「小学校英語活動との関連」を探る
　　　　アクション・リサーチ……………………………………………172
　　1．背景知識　172
　　2．アクション・リサーチの実践レポート　（中学1年）　174

第3部　教員研修とアクション・リサーチ　／179

第1章　英語教員全員研修でのアクション・リサーチ
　　　　――高知県の取り組み……………………………………………180
　　1．研修プログラムの全体像　180
　　2．授業改善プロジェクトの概要　182
　　3．授業改善プロジェクトの1年間の流れ　184
　　4．成果と課題　188
　　5．おわりに　189

第2章　コーディネーター育成でのアクション・リサーチ
　　　　――神奈川県の取り組み……………………………………………190
　　1．はじめに　190
　　2．神奈川県の英語教員研修とアクション・リサーチ　190
　　3．コーディネーター育成講座のねらい　192
　　4．コーディネーター育成講座の内容　193
　　5．今後の展望　196

第3章　市町村教育委員会レベルでのアクション・リサーチ
　　　　──広島県三次市の場合 ………………………………… 197
　1．はじめに　197
　2．アクション・リサーチの魅力　197
　3．アクション・リサーチを開始して　198
　4．トンネルを抜け出す実践が現れだした　198
　5．どんな時も，アクション・リサーチの考え方で　199
第4章　自主的研究グループ：アクション・リサーチの会＠近畿 … 201
　1．研究会設立の趣旨　201
　2．参加教員への呼びかけ　201
　3．活動内容　202
　4．平成15年度の活動状況　202
　5．アクション・リサーチ研究会のあり方　203
　6．研究会のさらなる充実を目指して　204

参考文献　　／205
用語解説　　／210
執筆者一覧　／215

はじめてのアクション・リサーチ
―― 英語の授業を改善するために

第1部

授業改善のためのアクション・リサーチ

　アクション・リサーチ（以下AR）という用語を最初に用いたのは，1940年代に活躍したアメリカの社会学者のKurt Lewinでした。彼は社会的な問題の研究は，直接関わる人たちの問題意識を出発点とし，研究成果は人々に具体的に還元されるべきだとしたのです。この主張は1970年代にイギリスの教育現場で注目を浴び，アメリカ，オーストラリアに広がりました。現在では，看護や福祉など，いろいろな分野の研究にもさかんに用いられています。

　教育でのARは3種類に大別されます。1つは教育改革運動の立場で，保護者なども巻き込んで，調査結果を行政に反映しようとするものです。2つ目は，理論研究の結果を教室での実践で検証しようとする立場です。第3は，教師が自分の授業を改善し，指導力の向上を目指すものです。本著は，この第3の立場です。

　ARは，日本でも1970年代の後半に紹介されましたが，本格的な実践が始まったのはつい最近のことです。特に，英語教育指導力向上研修講座の一部に位置づけられて以来，現場密着型の研究として全国的に注目を浴びています。

　第1部では，理論的な側面を解説します。第1章でARの進め方を，第2章では，はじめてARを行うときに感じる疑問点への対策を説明します。

第1章 アクション・リサーチとは何か

この章では授業改善を目指すアクション・リサーチの考え方と進め方を簡潔に説明します。理論的な側面はなるべく省略し，現場に即した解説を心がけますから，「これなら自分もできるかも」と思っていただけたら幸いです。

1. レモンだらけの教室

本題に入る前に，諺を１つ紹介します。

When your life is full of lemons, make lemonade.

直訳すれば，「人生がレモンだらけなら，レモネードを作りなさい」となります。これはどんな意味でしょうか。日本人にはレモンは「ビタミンC」とか「若さ」とかプラスのイメージの強い語です。ところが英語では，すっぱさを連想させるので，「困ったこと」という意味になります。一方，レモネードは甘いですから，この諺はつまり，「人生が問題でいっぱいなら，それをしぼって幸せに変えなさい」という意味なのです。これはアクション・リサーチの精神をよく表しています。

まず，よほど幸運に恵まれない限り，私たちの教室はレモンだらけです。生徒に学習意欲がない，なかなか英語力がつかない，声が出ない，などなど数えあげればきりがありません。教師なら，この状態を改善したいと考えます。ところが，どこから取り組んだらよいかわかりません。手探りでやってみても，なかなか解決できません。そこで結局，「生徒が悪いから仕方がない」とあきらめてしまうのです。しかし，本当にそれでよいのでしょうか。もし，レモンをレモネードに変える方法がわか

れば，あきらめずに対応できるはずです。教師が教室での問題を克服し，授業改善を図る。それがアクション・リサーチなのです。

2. 授業改善の方法

　授業改善を図る方法は，アクション・リサーチ（以下ARと略）だけではありません。他にも方法があります。たとえば，教授理論を勉強し，それに沿って授業を改善することもできます。パタン・プラクティスは訳読から離れ，口頭練習を中心にする指導法を示しました。また，英語をたくさん聞かせることを重視するインプット理論も，自然な言語習得に近い指導法を提案しています。しかし，理論を中心にした授業改善には注意が必要です。なぜなら理論の多くは外国語教育の実践から生まれたものではなく，心理学や言語学，あるいは第二言語習得理論から輸入されたものなので，教室で役立つか否かは検証が必要なのです。

　実際，日本の英語教育は，これまでさまざまな教授理論に振り回されてきました。パタン・プラクティスから変形文法へ，そこから機能重視やインプット理論，さらにはタスク中心の指導法など，現場は対応に追われて疲れ果て，「理論拒否症候群」を生みだしました。理論に代わって，今度は，教師の名人芸が注目されました。目の前の「授業の達人」のパフォーマンスに感動し，かつ，「明日の教室で使える技」をお土産にいただけるというメリットもあるので，この種のセミナーが脚光を浴びました。ただ，これもまた，限界があるのです。

　最初は生徒が乗ったテクニックも，やがて飽きられ生徒は興味を失ってゆきます。そこで，また，次の技を頂戴してくる。これが繰り返されるうちに，自分のスタイルを見失うことになりかねません。結局，表面的な技をまねるだけでは，真の授業改善や指導力の向上にはつながらないのです。

　理論やテクニックが不要だというのではありません。両方とも授業改善には必要です。いけないのは，無批判な物まねです。ある理論や技を学習したら，自分の指導法の核となっているもの，すなわち，明確に意

識はしていないが，実践を支えている考え方や指導法と結びつけなければなりません。理論や技を教室で試行し，成果を検証した上で自己改革につなげなければならないのです。図示すれば次のようになります。

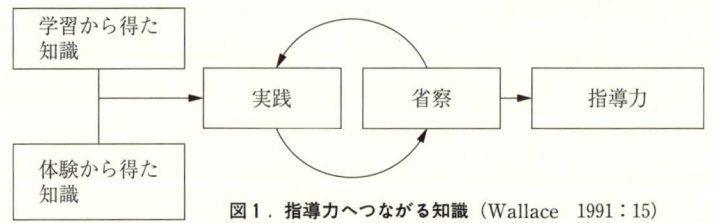

図1．指導力へつながる知識（Wallace　1991：15）

では，成果の検証はどうするのでしょうか。それは，生徒に望ましい変化が生まれたか否かで判断します。ですから，まず授業を振り返ることで問題点を発見したら，理論や技でどう対応するか戦略を立てて実践します。その結果，生徒の態度や英語力にプラスの変化が現れたか，観察やアンケートやテストなどで検証するのです。ですから，この授業改善のキーワードは「振り返り」です。ARは，ある特定の問題への「振り返り」を体系的に持続することだともいえるのです。では，どのように体系的に振り返るのでしょうか。

3．アクション・リサーチのプロセス

ARの定義にもさまざまあり，プロセスも固定しているわけではありませんが，ここではNunan（1989a）の手順に沿って説明します。

1）**問題の発見**：直面している事態から扱う問題を発見する。
2）**事前調査**：選んだ問題点に関する実態を調査する。
3）**リサーチ・クエスチョンの設定**：調査結果から研究を方向づける。
4）**仮説の設定**：方向性に沿って，具体的な問題解決の対策を立てる。
5）**計画の実践**：対策を実践し，経過を記録する。
6）**結果の検証**：対策の効果を検証し，必要なら対策を変更する。
7）**報告**：実践を振り返り，一応の結論を出して報告する。

これは，教育にかぎらず問題解決のための一般的な道筋です。たとえ

ば，体調が悪いと気づいたら，血圧をチェックし，レントゲン写真を撮るなどの調査をします。その結果から治療方針を定め，具体的な処方をします。その成果を検証し，改善していれば回復の報告をします。ARも同じ道筋を通るのですが，ただ，症状の改善では終わらず，さらに次のステップに進みます。ですから，改善の方法が一連のサイクルでとらえられている点が特徴です。図示すれば次のようになります。

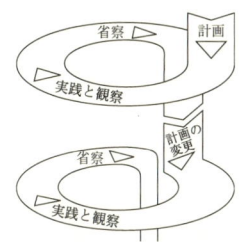

図2．アクション・リサーチのサイクル（Nunan 1989a：13）

　ARは，「リサーチ」という名称のために，科学的なリサーチと誤解されることがあります。しかし，ARは決して一般的な真実を追求する科学的研究ではありません。授業を進めながら（in action）行う実践研究（research）です。別の言い方をすれば，授業にプラスしてリサーチするのではなく，授業しながら対策を実行してゆくのです。この意味では，良心的な教師なら無意識的に行っていることを，ステップを踏んで実施するだけともいえます。以下，実施上の留意点を説明します。

4. 実践上の留意点
(1) 問題の発見
　まず，リサーチするクラス（あるいは学年）を特定します。最初は相性のよいクラスがいいでしょう。どんなクラスでも，「こうしたらもっと良いのに」と思う点があるものです。ただ，問題は複雑に関連していて，何を取り出すか迷うことがあります。その場合は，気になっている問題点を全てリストにし，それを2週間ほど毎授業の後で眺め，優先順位をつけます。たとえば，リストには，「英語力の定着不足」，「学年共

通の試験問題なので自由に指導できない」、「音読の声が小さい」、「立ち歩きする生徒がいる」などがあるとします。この中から、「共通試験」、「立ち歩き」はさしあたりは排除します。なぜなら、前者は独力では解決できませんし、立ち歩きなどの個人の問題に焦点を当てると、他の生徒が見えなくなるからです。ですから、AR初心者のうちは、大部分の生徒の願いと重なる問題を選びます。上記の問題群の中からなら、「音読の声が小さい」を選びます。比較的容易に検証できるからです。

(2) 事前調査

　問題が発見できたら、次は事前調査をします。「なぜ自分はこれが問題だと思うのか、どのように改善したいと考えるのか」と自問することが最初のステップです。「音読の声が小さい」という問題ならば、なぜ、自分は音読が問題だと考えるのか、どの程度の声を、どれくらいの生徒が出せば解決したと考えるのかと自問するのです。絵に描いた理想ではなく、目前の生徒が達成可能なゴールを設定することが大切です。そのために、実態の把握が必要なのです。

　調査には質的調査と数量的調査があります。質的な調査の代表的なものは、観察とアンケートです。たとえば、音読練習の時間に、どれくらいの生徒が活動に参加し、聞こえる声で読んでいるかを観察します。また、音読の後で「音読に積極的に取り組めたか」「聞こえる声で読めたか」「活動のどこが苦痛でどこが楽しいか」などをアンケートで調べます。

　数量的な調査では、英語力やスキルの能力などを調べます。標準学力テストや英検の過去問題、あるいは語彙サイズテストなどの既成のテストも使用しますが、今日教科書で学習する箇所にいくつ未知語があるか、発音できない語はいくつかなどを調査するだけでも、生徒のつまずきの原因が見えてきます。

(3) リサーチ・クエスチョンの設定

　事前調査の結果から目標を明確にし、問題解決の方策を探る質問を挙

げたものが「リサーチ・クエスチョン」です。次の点でチェックします。
＊現状のどこが問題で，何ができる生徒になってほしいのか。
＊それは大部分の生徒が，努力すれば達成可能なレベルか。
＊さしあたりの対策が思いつくか。それは授業で実施可能か。
＊目標の達成を評価する場面が確保できるか。
＊そのリサーチは生徒の利益になり，説明すれば協力が得られる問題か。

　音読の問題についてリサーチするとすれば，リサーチ・クエスチョンは，「授業中に9割の生徒が音読練習に積極的に取り組み，同時に，テストではネイティブに理解してもらえる読み方ができる生徒が8割を超えるには，どのような指導が必要か」と設定できます。

⑷　仮説の設定

　次は，問題解決の対策を立てることです。音読の問題の場合，まず，生徒はなぜ声を出さないのか，問題の所在を探らなければなりません。それには，私が「氷山モデル」と名付けた問題の階層性（図3）を参考に，事前調査のデータを用いて，上層からチェックしてゆきます。

図3．氷山モデル

1）音読の①「パフォーマンス」がうまくいかないのは，②「練習・言語活動」のレベルに問題があり，結局は，音読練習が質的・量的に不足しているからではないか？
2）練習は十分なのに声が出ないなら，より基礎的な階層の③「言語知

識」の不足，すなわち，教科書の内容理解，あるいは，そのための単語・文法の知識が不足しているからではないか？
3) 練習も言語知識も十分なら，音読ができない理由は，より基礎的な④「生徒の姿勢や態度，クラスのムード」に問題があるのではないか？
4) 生徒の姿勢や態度，また，教室のムードは，現在の，あるいは，これまでの⑤「教師の指導」に問題があるからではないか？

と，氷山の上から順にチェックしてゆきます。主たる問題の所在が明らかになれば，それに応じて異なる対策を考えます。1) の場合は，音読練習の質と量を改善すればよいのですから，よりきめ細かな発音指導をしたり，音読練習にかける時間や活動の種類を増やします。

　ところが2) の場合は，音読練習よりも教科書の理解を優先させなければなりません。具体的には，教科書の語彙指導を充実させ，本文の内容理解を日本語だけでなく，英語のQ and Aなどで確認してから音読指導に入るようにします。3) や4) の場合には，長期的な視野に立って教師が指導法やテストのやり方を改善し，生徒との人間関係改善やムード作りに努力する必要があります。この点に関しては，この部の第2章や第2部の第1章を参照してください。

　たとえば，2) のレベルに問題があるとすると，次のような仮説が考えられます。
① 教科書の語彙指導を丁寧に行い，わかる語彙を増やすと同時にテープの聞き取りの時間を多くし，英語のQ and Aで理解を確認すれば，音読の声は大きくなるだろう。
② 教師のモデルリーディングを多くし，音読練習の時間を増やせば，音読の声は大きくなるだろう。
③ 「和訳先渡し方式」(114ページ参照) を用いれば，音読指導の時間が確保でき，生徒の不安感も除去することができるだろう。

(5) **実践と検証**

　当然のことですが，音読練習だけで授業を進めるわけにはいきません。他にもいろいろな活動が必要です。ですから，授業の流れはほぼ従来通りに進めながら，仮説に関わる活動に可能な限り時間とエネルギーを注ぎます。極端に言えば，授業のほかの活動は，多少手抜きになることは仕方がないと割り切ります。その一方で，教師と生徒の人間関係やクラスのムード作りは，常に念頭に置かなくてはなりません。こうして音読重視の指導を1か月ほど継続し，その間のクラスの変容を調べ，プラスの変化が見られれば，さらに自己表現に近い仮説を立て，またマイナスならば，基礎学力の定着に重点を移していくのです。

(6) **報告**

　報告は通常，これまでの経過をまとめ，仲間の教師たちに口頭で発表したり，あるいは論文としてまとめたりします。聞き手が驚くような成果である必要はなく，これまでのリサーチの目標や道筋，また，そこから得られた発見などを素直に仲間とshareすればよいのです。また発表を聞く側にも，自分が同じ情況だったらと考えながら共感的に聞くことが望まれます。具体例は187～188ページや194～195ページを参照して下さい。

5. アクション・リサーチの一般化

　ARに興味を持っていただけましたか。私はARは，教師が取り組む授業改善の方法として，大きな可能性があると信じています。全国で実施されている英語教員の研修プログラムでも，多くの県や地域でARは取り入れられています。詳しくは第3部で紹介する高知県や神奈川県の実践をごらんください。そうした研修では，ARの体験を歓迎する声がたくさん聞かれます。たとえば，受講者の1人はARの過程を示したポートフォリオに次のような感想を載せています。

　　アクション・リサーチを行うことで，系統だった計画的指導ができ

たことが，この研修に参加したなによりも大きな収穫だった。これまでは，生徒の反応に一喜一憂し，場当たり的な活動に終わっていたが，自分の指導や生徒に与える活動を見直し，目標達成に向けて，それをひとつひとつ吟味することで，指導や活動を意味あるものにすることができたと思う。また，生徒に対して，「語彙力をつけるためにいっしょに頑張っていこう。」と語りかけることができたことも，生徒の授業を受ける姿勢に影響したと感じている。アクション・リサーチをやって本当によかったと思っている。

　さて，私は，ここまで，ARは科学的論文とは異なり，一般論を求めることはしないと書いてきました。それはそのとおりなのですが，では，ARの調査結果は一般化できない，単なる自己満足なのかというと，決してそうではありません。皆さんも第2部に収録されているARのレポートを読めば，「これは自分も悩んでいる問題だ。たしかに，このように対応すればうまくいくだろう。是非，自分もやってみよう」と思うリサーチに出会うでしょう。その場合，読者がレポートの内容を自分に当てはめ，ある意味での一般化をしているのです。すなわち，ARの一般化はレポートの結論に示されるのではなく，読者が共感したときに発生するのです。ARの一般化の判断は個々の読者にゆだねられているともいえるでしょう。

　ただ，ARの一般化はこればかりではありません。第2部の各章冒頭で紹介している各スキルの背景的理論の説明は，多数のARの結論と一致しています。すなわち，個々のARの結論を一般化して論ずることはできないが，もし，こうしたリサーチが集積されれば，そこに共通のパターンが現れ，実践的英語指導の理論として一般化できるのではないかと思います。実は，この本は，そうした動きの先駆けたらんと自負している私たちの，現時点での総括でもあります。現場の教師だからこそできる研究があり，それこそが英語教育の理論構築に不可欠だと信じ，今日も，ARを続けているのです。

第2章 アクション・リサーチの進め方 Q&A

　第1章でアクション・リサーチ（以下ARと略）の概略を説明しましたが、いざ、実践しようとすると、いろいろな疑問に出くわします。どうすれば問題が発見できるのか？　事前調査では何をするのか？　リサーチ・クエスチョンって何？　…などなどです。そこで、この章では、はじめてARをする人がそれぞれの段階で出くわす疑問に答えながら、ARの進め方を解説します。

1. 問題の発見に関わる疑問

Q1：授業の何が問題かわからない。発見の仕方を教えてください。

　一番手っ取り早い方法は、授業で困ること、あるいは、「生徒にもっとこうなってほしいな」と思う点を見つけることです。たとえば、生徒は授業に積極的に参加していますか？　単語や文法は習得していますか？　話すことに前向きですか？　小テストの成績は？　などなどです。どこでつまずいている生徒が多いか、その理由は何かを、注意深く複数回の授業で観察します。

　無記名のアンケートで尋ねるのもよい方法です。授業を少し早くきりあげ、「今日の授業は楽しかったですか／わかりやすかったですか／わかりにくかった部分はどこですか｛単語・文法・リスニング・スピーキング・リーディング・音読・Q and A・ライティング｝から選んでください／伸ばしたい英語の力はなんですか／英語の授業に望むことを自由に書いてください」などの質問を含むアンケートを実施します。

　あるいはまた、教師が興味を持った理論やテクニークを教室で検証す

ることを目的としてARを行うこともできます。インプットが大切だと知ったので，できるだけ英語で授業をするとか，教科書の難易度と生徒の英語力の間にギャップがあるので，「和訳先渡し方式」（114ページ参照）を試したいなどといったケースです。

Q2：授業以前の生活指導が大変で，指導法の問題まで気が回らない…。

　たしかに，授業に集中できない生徒の多いクラスでは，「どうすれば生徒が席についてくれるか」という問題が先に来るのは当然です。ただ，生徒指導の問題は解決に時間がかかり，教師個人の努力だけでは克服できないかもしれません。はじめてのARとしては難問ですから，もう少しリサーチの技量をつけてから，扱ったほうがよいかもしれません。

　どうしてもこの問題をリサーチしたいなら，まず，現状把握が必要です。授業の開始時に机に座っている生徒は何人か，遅刻の生徒は誰か，他の生徒は何をしているのかといったことを記録します。また，なぜ，授業に参加しないかをアンケートや日常の雑談の中で聞き出します。クラス担任と相談して，対策を講ずることも必要でしょう。

　また，どんなクラスでも英語力を伸ばしたいと思っている生徒はいるものです。彼らがどんな授業を望んでいるかを聞き出し，できるだけ希望に沿うようにします。一方，授業を嫌う生徒には，勉強の妨害はしないように，また，用意ができたらいつでも参加するように約束させます。その間，教師は授業の内外での個人的な接触を通じ，ひとりずつ勉強仲間を増やす努力をします。そのためには，生徒の個人カルテを作成して趣味や性格などの理解に努め，まず，教師と個々の生徒が関係を築き，それを生徒同士の関係に広げてゆく作戦をたてます。

　結局，こうしたクラスでは，英語力を伸ばすことよりも，ゲームやタスク活動で成功を体験させながら，仲間意識を高めることを優先します。具体例は，第2部第6章を参照してください。

Q3：問題が絡みあっていて，どこに狙いをつけたらよいかわからない。

　問題が複雑なのは当然です。たとえば，「音読の声が小さい」という一見単純そうな問題でも，学習意欲や人間関係，英語力や学習体験などの問題が複雑に絡んでいます。その全てに対応しようと一度にたくさんの仮説を設定すると，「あぶはちとらず」で終わります。そこで，事前調査で，大部分の生徒の問題の所在を探るのです。
　ただ，一度で見つかるとは限りません。事前調査で単語力が低いとわかったのでその対策を実施したが，音読の声は変わらない。もっと探ってみたら，クラスの人間関係に問題があったということはよくあることです。ただ，それがわかれば次のARに役立つのですから，最初は問題が明確ではなくとも，まず，実施してみることが大切です。

Q4：能力差が大きく，誰に焦点を合わせればよいのかわからない…。

　足の速い子もいれば，遅い子もいます。英語力の差も当然のことです。まず，能力の分布を調べ，どのレベルの生徒に焦点を当てて授業をすれば効果的かを考えます。また，授業の目標は英語力の向上だけではなく，その子なりの個性を発揮させることにもあることを忘れてはなりません。
　たとえば，リサーチ・クエスチョンを「能力差のあるクラスで，身近な話題について自己表現する力を伸ばすにはどのような指導が効果的か」と設定すれば，それぞれが自分の英語力に見合った表現活動を行い，目標の達成に向かうことが可能です。また，自己表現の意欲にアピールすることで，全ての生徒に達成感を与える工夫は可能です。

Q5：クラスにいくつもの問題があり，1つに絞れないのだが…。

　絞れなくて当然です。発見の段階ではラフな把握に終わるのが普通で，いくつかの候補をリストにする程度でよいのです。毎授業後にリストを眺め，問題同士の関係を考えていると，次第に重要なポイントが浮かびあがることが多いのです。ですから問題にすぐに飛びつかず，次第に中心的な問題を選んでゆくことが大切です。そのための「事前調査」です。

2. 事前調査に関わる疑問
Q6：事前調査は必要か。すぐに対策からスタートできないか？

　ARに事前調査は不可欠です。これなしでは，リサーチの成否も，その理由も判断できないからです。登山に例えて説明します。

　まず，「問題の発見」は登る山を決めることです。「事前調査」は登山の開始前に，自分たちの出発点を明確にすることです。また，登る山についての情報や道具類などを知ることも必要でしょう。ARでいえば，生徒の現状をとらえ，指導法などについて文献から知識を得ることです。こうした情報をもとに，頂上までのルートの大筋を想定するのが「リサーチ・クエスチョン」です。たとえば，「南ルートはクレバスが多いので，北ルートから攻略しよう」という決定です。

　しかし，一気に頂上に辿りつくことは困難ですから，ルートの途中にいくつかの基地を設けます。それが，「仮説の設定」です。仮説をクリアするたびに，次第に頂上に近づくように設定します。最後に，「事前調査」と対応する形で「事後調査」を行い，両者の差異から成果を「検証」するのです。ですから，「事前調査」は，いわば，リサーチの原点です。これなくしては体系的な調査にはならないのです。

Q7：事前調査にはどのような方法があるか？

　質的調査と数量的調査の2種類があります。質的調査は，観察やアンケート，インタビューなどで，生徒の動機や勉強方法などを調べるものです。観察は，教師が授業での生徒の行動や様子を記述したり，ビデオで写したりします。一方，アンケートには無記名と記名がありますが，人間関係がまだできていない内は，前者を用いるのが原則です。また，アンケートは生徒の内面を知る上で効率的ですが，回答を鵜呑みにしないことが必要です。ふざけたり，教師の意図に合わせて回答することがあるからです。その点，インタビューは生徒の様子を観察しながら実施できる利点はありますが，時間がかかり，また，処理が大変です。ですから，休み時間などに雑談のような形で，リラックスした雰囲気のなか

で数名の生徒に感想や意見を尋ねるのもよいでしょう。

　一方，数量的調査は，英語力やスキルを測るテストを用いて実施します。標準学力テストや英検の過去問題，また，語彙サイズテストや1分間に読める語数をみるwpmなどがよく使用されます。音読やスピーチを録音して，事前・事後を比較して成果を見るのもこのタイプの調査です。実践例は第2部を見てください。

　ARでは，1種類の調査結果から判断するのではなく，質的にも数量的にも複数の方法で多角的に調査し，結果を総合して判断することが大切だとされています。ですから，学習意欲などの数量化できない面を調べる場合でも，一般的な英語力や語彙サイズのテストなどを実施します。本質を理解するには，多面的な資料収集が欠かせないからです。

Q8："やる気"を計るには，どのような事前調査が必要か？

　まず，なぜ「このクラスはやる気がない」と判断したのか，その理由を列挙してみてください。宿題をやってこない，授業に集中しない，音読の声が小さい，自発的に発言しないなどの具体的な行動があるから，「やる気がない」と判断したのだと思います。この1つ1つが「やる気なさ度」の規準です。この規準ごとに，観察やアンケートの結果で「やる気なさ度」を評価し，現状を把握します。これが事前調査です。

　次に「この生徒たちがどう変われば，やる気があると判断できるか」を考え，規準ごとに短期的な最低目標値を設定します。たとえば宿題なら，「2/3の生徒が教科書の新出語の意味を調べてくること」を最低目標値に設定し，さらに対策をいくつか講じて，実現可能性の高いものから1つずつ実践してみて，生徒の変化を観察やアンケートなどで判断します。

　ただ，生徒だけに変革を求めてはいけません。たとえば，「家庭で単語を調べてこなければ，授業は成立しない」と思い込んでいませんか。本当にそうでしょうか。単語をプリントして渡す，授業で調べる時間をとるなど，方法はいろいろあると思います。教師の工夫によって，「や

る気なさ度」の規準から消えてゆく項目もあるかもしれません。実態に合わせた教師の柔軟な姿勢が，生徒の「やる気」を生むこともあるのです。

Q9：事前調査をしないまま，レポートする時期になってしまった。なんとかまとめる方法はないか？

　これが本来のARのあるべき姿でないことは言うまでもありません。ただ，多忙をきわめる日々の中で研修が始まり，授業ではいろいろ工夫はしたのだが，最初の事前調査が落ちてしまったということは，実際にはあり得ることです。その場合は，記憶や記録に頼って，事前調査をまとめるしかありません。

　質的調査の代わりとしては，教師がリサーチ開始時点で生徒の意欲や態度にどのような問題を感じていたか，それを具体的に証明する出来事はなかったか，生徒とのやりとりで記憶に残っているものはないかなど，教師の記憶や記録の中からスタート時点の様子を拾い出します。また，生徒にリサーチ開始前と現在ではどのような変化があるかを書かせ，項目ごとにプラスの変化かマイナスの変化かに分類し，成果を検証します。

　一方，数量的な資料としては，開始当時あるいは前年度の期末テストの成績の散らばり具合と現在とを比較したり，平均点を他のクラスや前年度の同じ学年の成績と比較して，リサーチの成果を論じることは可能です。ただこれらはあくまでも代替処置であることには違いありません。

Q10：アンケートをとりました。英検のテストもしました。次は何をすればよいか？

　事前調査は「発見した問題」の実態を調査するためのものですから，問題によって調査方法は異なるし，アンケートの質問項目も変わるはずです。問題解決のヒントが発見できない事前調査では意味がないのです。上の質問が出るのは，最初の問題のとらえ方が漠然としているからです。たとえば，「中学生のスピーキングの能力を育てる指導の工夫」という

問題で考えてみましょう。

まず，ここで扱う「スピーキング能力」はどんな能力なのか，それを測定する方法は何かを考えます。ACTFL Guideline（第2部第5章参照）で測定することは理論上可能ですが，実際には教師に知識がなかったり，また時間がかかるので，大人数のクラスを対象に実施することは困難です。そこで多くの場合は，ALTとのインタビュー・テストとスピーチの両方で評価します。「スピーキング能力」は，「会話力」と「スピーチ力」の両方で調べるのが一般的だからです。しかし，もし，ALTとの会話の時間が取れないのであれば，ここでの「スピーキング能力」は，スピーチで調べられる部分に限定されることになります。その場合は，「ここでいうスピーキング能力とは，スピーチで測れる話す力を指す」と，より限定して定義し直します。これをworking definition（作業用定義）と呼びます。つまり，漠然とした問題を測定や観察が可能な表現に置き換えるのです。

このように何を調べるのかを明確にした後で事前調査をします。この場合だったら，原稿を書かせて暗記させ，スピーチをさせて録音し，内容や構成，発音や流暢さなどの規準で評価し，事前調査とします。すなわち，事前調査によって実態をとらえ，これから強化すべき点を洗い出し，事後に同じ方式で調査して，結果を比較するのです。サンプルの生徒を選んで実施することもありますが，考え方は同じです。このことはスピーキングに限らず他のスキルにも該当します。

3. リサーチ・クエスチョンに関わる疑問

Q11：「リサーチ・クエスチョン」は「問題の発見」とどう違うのか？

「問題の発見」はまだ漠然とした問題意識です。場合によってはいくつもの問題が併記されているでしょう。事前調査の結果を踏まえて問題点を絞り，改善後の姿を想定し，そこまでの大まかな道筋を疑問文で示したのが「リサーチ・クエスチョン」です。例を挙げて説明しましょう。

生徒が英語を話すことに消極的なクラスで，もっと元気よく口頭での

発表に取り組んでほしいという願いを教師が持ったとします。この場合，他にも音読の声が小さいとか，語順の問題ができないとかいろいろな問題も同時にリストにあがっているでしょう。ここまでが「問題の発見」です。次に，観察やアンケートや音読や語順の小テストなどの「事前調査」をします。その結果，生徒は「話せるようになりたいと思っているが，語彙や文の作り方の知識がなく自信がない。自信がないので，音読の声も小さくなる」という実態が見えてきたとします。すると，基礎力の不足が話すことに消極的にさせていると想定できます。

ここで，また，「氷山モデル」（9ページ）を見てください。「話す能力は話す活動でしか伸びない」と考え，話す言語活動の時間を多くしても成果があるか疑問です。「氷山モデル」では「練習＝言語活動」の下層に「言語知識＝基礎・基本」があるのです。「基礎・基本」を抜きにはできません。ただ，一方では生徒は「話せるようになりたい」と願っているのですから，その欲求を満たしてやることも必要です。

すると，「基礎・基本」と「話す活動」とを結びつけることがポイントだということになります。そこで，教師のモデル文を参考に，これまで学習した文型や語彙を用いて，身の回りの出来事を説明するプレゼンテーションをさせます。すると，この場合の「リサーチ・クエスチョン」は，「基礎・基本の定着が十分でないクラスで，どのような指導をすれば，全員がプレゼンテーションに取り組めるか」と設定します。

Q12：「リサーチ・クエスチョン」と「仮説の設定」は同じなのでは？

似てくるのは当然です。ただ，「リサーチ・クエスチョン」は大まかな方向性を示すもので，それを細かく砕いて，具体的な活動や指導テクニックで示したのが「仮説」です。たとえばQ11で扱った問題だったら，プレゼンテーションに至るまでの具体的な指導手順を示すことになるでしょう。たとえば，

1) ターゲットの文法項目の導入や練習は，プレゼンテーションを意識し，そこで役立つ表現を用いて実施すれば，より定着するだろう。

2）教科書の音読練習を徹底して行えば，プレゼンテーションでの発音も向上するだろう。
3）教師がモデルとして与える英文を，形を変えて何回も聞き取らせておけば，応用して表現する生徒が増えるだろう。

というように，「仮説」ではより具体的な活動として示すことになります。

実際に仮説を設定するときには，クラスの雰囲気や生徒の意欲の問題をまず考えなければならないし，なによりも，有効な指導テクニークの知識が必要です。詳しくは第2部を参照してください。

4. 仮説の設定に関わる疑問

Q13：仮説の設定で苦労しています。作業の手順を教えてください。

この部分がリサーチで一番頭を悩ますところです。取り組む問題によって，また生徒の実態に応じて，適切な仮説は異なるからです。第2部ではこの疑問に答えることを中心に扱っていますから，ご自分の問題に最も近いと思う章をご覧ください。ここでは一般論だけを述べます。

(1) 「事前調査」，「リサーチ・クエスチョン」を読み直して，生徒にとって意味のある問題か，授業で改善できる問題か，改善の結果が検証できるかを再度確認する。

(2) クラスのムードが適切か検討する。教師の英語での質問に答えない教室で，「会話能力を伸ばす」と設定しても，実施が難しい。

(3) 「氷山モデル」（9ページ）から英語学習上の問題を探り，第2部に紹介している対策から，役立ちそうなものをリスト・アップする。

(4) ムード作りに有効な活動を最優先し，次に実行しやすい順に仮説を2つ3つに絞って設定する。

Q14：仮説の設定で優先的に考えなければならないことがあるか？

どのような問題を扱うにも，クラス作りに教師が積極的に関わる必要があります。大切なポイントなので，少し詳しく説明します。

もう一度，「氷山モデル」（9ページ）を見てください。その一番下の

層は「教師の指導」，次の層が「姿勢・態度」となっていますね。このことは，「教師の指導」が生徒の「姿勢・態度」に2つの意味で影響することを示しています。影響のまず1つ目は，「姿勢」に対する影響です。教師がコミュニケーション中心の指導，すなわち，インプットを与えて自然に習得させることを中心にすると，生徒はコミュニケーション志向の姿勢が強くなり，聞いたり，会話したりすることに積極的になる反面，文法的な誤りやスペル・ミスなどが多くなる傾向があります。逆に，文法や訳読が中心の指導だと，文法問題や訳出の問題はよくできても，生徒は積極的なコミュニケーションの姿勢を失う傾向があります。結局，意味伝達を重視した指導を受けたか，言語形式を重視した指導を受けたかによって，生徒の英語に対する姿勢が変わるのです。これが第1の影響です。

　第2の影響は，生徒の英語学習の「態度」に対する影響です。教師が生徒のニーズに応える指導をしていれば，生徒は学習に積極的になるが，ニーズを無視されると，学習や人間関係に悪い影響を及ぼします。このことを説明するには「マスローの三角形」の説が便利です（図1）。

　この説では，人間の欲求は「生理的欲求」「安全への欲求」「所属への欲求」「尊敬への欲求」「自己実現への欲求」と階層をなしていて，上位の欲求が生まれるには，下位の欲求が満たされることが先決だとしています。このことを，英語教育に移して考えると，「実践的コミュニケーション能力の育成」が求められている現在，教師は，生徒に「自己実現への欲求」を持ち，自己表現に積極的に取り組んでほしいと望むのですが，それには下層の欲求の充足が先決だということになります。そこで，英語授業の中で各層がどのような意味を持っているか考えてみましょう。

　最下層の「生理的欲求」は，身体的な快適感を求める欲求です。「眠い」とか「疲れた」と感じると勉強意欲はわいてきません。ですから，リズム感があり，メリハリのある授業展開を心がけなければなりません。1授業時にもいろいろな活動を入れ，聞かせたり，書かせたり，動作させたりすることで，身体的な不快感を減じることができます。

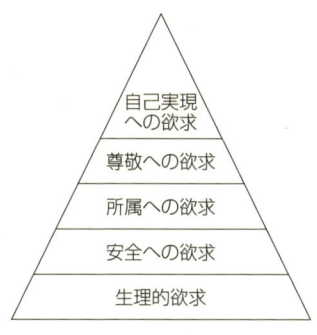

図1．マスローの三角形（米山・佐野　1983：122）

　次の「安全への欲求」は心理的な快適感への欲求です。ですから，教師は生徒に安心感を与えることが大切です。教師が威圧的だったり，誤りを指摘しすぎると生徒を萎縮させます。逆に，教師が頼りなくても，生徒は不安を感じます。1人1人を大切にすると同時に，クラス全体の人間関係にも気を配ることが必要です。さらに，人はわからないことを話されると不安を感じます。教師が英語を話すことは大切なことですが，それが生徒に理解されているか常にチェックしなければなりません。また，言語活動をさせるときには，やり方ばかりでなくその目的も説明し，不安や困惑を感じさせないようにします。

　「所属への欲求」は教室に仲間意識があるかという問題です。最近の生徒は仲間づくりが苦手な子が多いので，教師が中心になって，コミュニケーションを図る活動を計画しなければなりません。仲間作りの基本は，互いに知り合うことですから，授業では英語の力を伸ばすと同時に，仲間とより深く知り合うことを目標に言語活動を設計します。ゲームでも協同的な作業を多くし，連帯感を育成するよう努めます。たとえば，自己表現のプレゼンテーションをグループで発表させ，相互に気に入った点を言わせたり，相互評価をさせるなども考えられます。

　「尊敬への欲求」は仲間や教師に認められたい，達成感を味わいたいという欲求です。ですから，生徒には達成可能な目標を与え，成功を評価し，褒める機会を多くするようにします。また，各人が達成目標を持

ち，自己評価するという側面も大切です。テストの採点基準を生徒に知らせることによって，自分の長所や克服すべき点を意識して努力させることも効果があります。

　このような配慮は，普段の授業を実施するうえでも大切な視点ですが，ARの際には，生徒のニーズのどこが満たされていないかを注意して，仮説の設定に組み込むことが大切です。このことは，どのような問題を扱うにしても重要です。

Q15：仮説設定の際に，検証方法も明記する必要があるのですか？

　レポートに書く，書かないは別にして，認識することは必要です。というのは，成果をチェックする方法が明確でないと，仮説として機能しないのです。たとえば，音読の能力を伸ばすリサーチなら，「単語指導を充実し，音読練習にかける時間を現在の1.5倍にすれば，レッスンが終了した時点で，クラスの4/5の生徒が教科書をスムーズに音読できるだろう」と設定すれば，どのように成果を測るのかが見えてきます。この点は，6.「仮説の検証に関わる疑問」の項で詳しく説明します。

Q16：仮説の設定はしたが，これが一番効果的かどうかわからない…。

　至極当然の悩みです。しかし，ARにはもともと，一律の効果的な方法はないというのが前提です。だからこそ，教師がクラスの実態に基づいてリサーチするわけで，効果的な方法はリサーチが終了した時点ではじめて見えてくるはずなのです。とは言え，ゼロからスタートするのは不安です。そのために第2部ではそれぞれのテーマについて理論的解説や指導手順を紹介しています。それを手がかりにして，さらにこれまで行われたARを読めば，大筋で間違いない仮説の設定ができるはずです。

Q17：文献研究は必ず必要なのでしょうか？

　文献研究は，仮説を設定するための事前調査として必要です。ARを思い込みから解放し，具体的な手法を提供してくれるので，可能な限り

実施すべきです。同じテーマのARをいくつか読むだけでも、教えられることが多いものです。また、似た悩みを持つ教師との意見交換も、見方がひろがり勉強になります。ひとりで悩みを抱え込まないためにも、文献研究や人との意見交換は必要です。

5. 仮説の実践に関わる疑問

Q18：仮説の実践と授業の進度をどのように調整してゆくのか？

　ARは授業にプラスして行う調査ではなく、授業の中で、授業を改善するために行うリサーチです。ですから、通常の授業にどのような変化をつければ望む結果が得られるか工夫するのが仮説です。たとえば、「語彙力を伸ばす」ためのリサーチをするとします。仮設として、ゲームの利用、小テストの実施、音読の時間増、の3点を挙げました。すると、warm-upにビンゴ・ゲームを、復習に小テストを、音読の時間を確保するために「和訳先渡し」を、といった工夫が必要でしょう。授業の形を大きく崩すことなく仮説を位置づけることで、進度に大きな遅れが出ないよう計画することが大切です。

Q19：実践を記録するには、どうすればよいのか？

　個々の仮説の実践の記述については、Q28を参照してください。ここでは、授業全体の様子を記録するフィールド・ノート（field-note）について説明します（図2）。まず、指導案（略案）を書き、授業を進めながら、生徒の活動への参加度をA〜Eで評価すると同時に、気づいたことをメモしていきます。見やすいように指導案はタイプしてあり、生徒の参加度や様子は、教師が授業中に書き込んだものです。

　フィールド・ノートを毎時間書くのは大変なので、1週間に一度、曜日を決めて書き、授業終了後、感想も書いておきます。それを月ごとにTime-log（図3）に集計すれば、生徒の授業への参加度の変化が見え、仮説検証の資料になります。また、授業中の生徒の生の声を記録しておくと、レポートをまとめるときに効果的に利用できます。

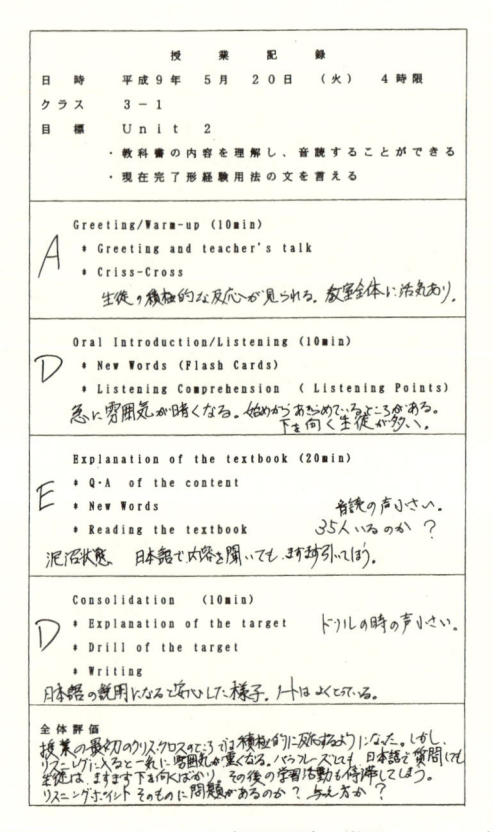

第1部 授業改善のためのアクション・リサーチ

```
           授 業 記 録
日 時   平成9年 5月 20日 (火) 4時限
クラス  3-1
目 標   Unit 2
        ・教科書の内容を理解し、音読することができる
        ・現在完了形経験用法の文を言える
```

A	Greeting/Warm-up (10min) ・Greeting and teacher's talk ・Criss-Cross 生徒の積極的な反応が見られる。教室全体に活気あり。
D	Oral Introduction/Listening (10min) ・New Words (Flash Cards) ・Listening Comprehension (Listening Points) 急に雰囲気が暗くなる。始めからあきめているところがある。下を向く生徒が多い。
E	Explanation of the textbook (20min) ・Q・A of the content 音読の声小さい。 ・New Words 35人いるのか？ ・Reading the textbook 泥沼状態。日本語で内容を聞いても、ますます引いてほう。
D	Consolidation (10min) ・Explanation of the target ドリルの時の声小さい。 ・Drill of the target ・Writing 日本語の説明になると落ちついた様子。ノートはよくとれている。

全体評価
授業の最初のクリスクロスのところでは積極的に反応するようになった。しかし、リスニングに入ると一気に雰囲気も重くなる。バラフレーズでは日本語を質問しても無視は、ますます下を向くばかり、その後の学習活動も停滞してしまう。リスニングポイントそのものに問題があるのか？与え方か？

図2．フィールド・ノート（授業記録）　（佐野　2000：105）

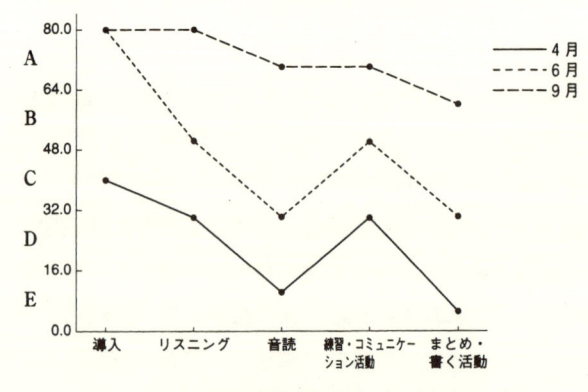

図3．Time-log（授業記録のグラフ）　（佐野　2000：110）

Q20：生徒の「話す力」の伸びはどのように記述すればよいのか？

　生徒の話（会話でもスピーチでも）を録音して書き起こし，そのまま例として示したり，話の内容，長さ，文法，発音などの規準を定めて分析します。第2部第3章に例があるので参照して下さい。もっと簡単に会話能力の伸びを記述するには，会話を持続できた時間の長さや，対話のやりとりの回数を生徒に記録させ，レポートさせます。「書く能力」でも同じことができます。具体例は第2部第5章を参照して下さい。

Q21：仮説は標準的な生徒が対象になるが，能力が低い子や高い子にはどう対応すればよいか？

　たしかに，標準的な生徒を対象に対策を立てることが多いと思います。たとえば中学3年生を対象にしたリサーチで，「半数以上の生徒が英検3級の筆記試験で6割の点数を取れる英語力をつける」と目標を設定したような場合です。ただ，これだと半数近い子どもが目標を達成できないことが予想されます。これを防ぐにはどうすればよいでしょうか。

　2つのポイントがあります。1つは英語力の目標を低く押さえ，達成できる生徒の割合を多くすることです。「3/4の生徒が英検4級の筆記試験で7割の点数を取れる英語力をつける」と目標を設定すれば，クラスの大部分が対象になるはずです。

　第2のポイントは，4級のテストがゴールでも，実際の指導では5級レベルから3級レベルまで，幅を持たせます。生徒の実態以上に幅を持った指導やインプットが必要なのです。また，達成目標を個々の生徒に設定させるのも，学習に責任を持たせるという意味で効果的です。たとえば，生徒自身に学習の成果や努力のプロセスを記録させ，振り返りをさせる「ポートフォリオ」の指導も考えるべきでしょう。

6. 仮説の検証に関わる疑問

Q22：忙しくて検証をする時間がないし，方法もわからない…。

　「検証」の原則は，事前調査と同種類のアンケートやテストを実施し，

結果を比較して成果を論じることです。事前調査で英検やセンター試験を使用したのなら，事後指導でも同種のテストを使用し，それぞれの結果と全国平均点との隔たりで成果を論じることができます。ただ，教研式の標準テストの結果を事前テストに利用した場合は，年度内に同じ検査ができないので，英検の過去問題などを代わりに使用します。一方，語彙サイズテストは事前調査の時と同じものを使用します。

　もっと平易な方法は，期末テストを利用して，クラスの成績のばらつきや達成度を比較するものです。全国平均との比較はできませんが，教師が設定したゴールに到達している生徒の割合は比較できます。音読テストやスピーキング・テストなども，期末テストの一部として実施すれば，指導と評価とARの一体化が図れます。

　ただ，ARの検証は事後調査の結果だけで行うのではありません。仮説の検証で用いた資料，たとえば，フィールド・ノートや小テスト，生徒の作品なども総合して判断します。検証で大切なのは「三角測量」です。これは，視点の異なる数種類の結果を総合して成果を判定するものです。主観的な判断が入る質的資料も，いくつもの視点から繰り返し集めることによって客観性を増し，真実を知る手がかりになります。

Q23：客観的な妥当性の高い評価の方法は？

　イギリスのNational CurriculumやアメリカのACTFL Guidelineには，4技能の能力を測る尺度が示されていますから，それらを直接，あるいは工夫を加えて使用すれば，より客観的で説得力のあるデータが得られます。第2部にこれらを利用したARがいくつか報告されています。

　ただ，こうしたデータを読むときには注意が必要です。多くの場合，ARで調べているスピーキングやライティングの能力は，熟達度（proficiency）ではなく，指導した項目をどの程度完全に使いこなしているかという達成度（achievement）の調査ですから，両者を混同してはいけません。あるARでスピーキング能力がACTFLの「中級の上」レベルに達していても，それは授業で練習したトピックについてのもので，

一般的なスピーキング能力を語っているのではないということです。

Q24：自由記述させたアンケート結果の処理の仕方がわからない…。

　自由記述は，教師が予期しなかった問題の発見につながることがあり，貴重な資料になります。結果の処理は，まず，アンケート全体を通読して，しばしば現れるキーワードを拾い出し，それぞれに符号をつけていきます。たとえば大文字で，Y「やる気」，M「面倒だ」，H「恥ずかしい」などの情意的な要素を，また，小文字でs「話すこと」，v「単語を覚える」などの学習上の要素を示します。再度，アンケートに戻り，先に決めたキーワードが見つかればその符号を書き入れ，回答が好意的だと読めればプラスを，否定的ならマイナスを，どちらでもないならゼロを書き加え，符号ごとに集計してリサーチの成果を探ります。

　ただ，自由記述のアンケートは処理が大変です。欲しい回答とはかけ離れた記述や，プラスともマイナスとも断定できないコメントが多いからです。ですから，アンケートは基本的には選択式の回答形式を中心に作成し，そこに自由記述の欄を設けるのが現実的でしょう。

Q25：結果の処理には統計的な作業が必要なのでしょうか？

　統計的処理が必要なのは，かなりの人数を扱う場合で，1クラスの結果を報告する場合は，具体的な数のほうが理解が容易です。ただ，テストの成績を比較する場合は，平均点のほかに標準偏差も示すとよいでしょう。標準偏差が高いと，成績にばらつきがあり能力差があることを示すからです。また，平均点の差が偶然ではない，意味のある差だということを示すためにt-検定をすることもあります。

　一方，いわゆる5段階や3段階評価を集計する場合は，段階ごとの人数を実数で書くのが基本です。平均点にすると，分布が見えにくくなってしまいます。結果を表にまとめ，グラフで視覚化することで新しい発見があることもあります。たとえば，能力差のあるクラスだと思っていたのが，グラフにしてみると正規分布をしていて，ごく普通のクラスだ

とわかるというようなことです。

7. レポートのまとめ方

Q26：論文など書いたことがない。何を，どう書いたらよいのか？

　論文といっても，科学論文を書くわけではありません。ARのレポートの場合は，教室を舞台にした教師と生徒のlove storyと考えたほうが近いのです。まず，教室になにかの葛藤（問題）があることを確認したら，その葛藤をめぐる生徒の実態を探ります。物語で言えば，事件の背景と登場人物の説明にあたります。次に葛藤の内容を分析して改善への道筋を仮説で示します。ここまでが，いわば，物語の「始まり」です。

　次に仮説を実践に移して，生徒の反応をみて再び対応を考えます。成功したら前進し，失敗したら見直して望ましい方向に転換します。恋の物語なら，恋人同士のやりとり，デートと喧嘩，涙と感動の物語の「真ん中」部分です。ここが読者のもっとも興味を引くところですから，できるだけ登場人物の行動や言葉を細かく記述するように心がけます。

　最後は恋の成り行きを告げる「結末」部です。リサーチの問題への解答を報告し，理由を分析します。恋が必ずしもハッピーエンドで終わるとは限らないように，ARも仮説が支持されないこともあります。しかし，そのことによって，指導や生徒の実態について発見があれば，ARとしては成功なのです。その成果は，次の実践で生きるはずですから。

　ただ，当然ARはフィクションでなくドキュメンタリーなので，読者を納得させる証拠が必要です。そのために資料を集め整理し，解釈するのです。資料の全てをレポートに入れる必要はなく，物語の展開を説明する上で必要なものを選んで載せます。というと，流れに逆行する資料は無視してよいように聞こえるかもしれませんが，決してそうではありません。淡々と進むlove storyが退屈なように，相反する力が働くドラマチックな展開があってこそ，より真実味のあるレポートになるのです。

　要は，教室で実施してきたことと生徒の反応を，時間の流れに沿って，証拠を示しながら記述していけばよいのです。

Q27：必要な資料を整理するといわれても，何が必要かわからない…。

　資料の整理では，リサーチの目的を再度確認し，最後の結論を見て両者を比較します。すなわち物語で言えば最初と最後を確認するのです。次に，時間の流れを逆行して，結論に至る過程が最初から十分に証拠づけされているかチェックします。まず，結論を導きだす事後調査は十分か，調査に至る実践を十分説明しているか，実践の基の仮説は適切か，仮説が当初のリサーチ・クエスチョンに合致しているかと順に点検するのです。そうすれば，それぞれの段階でどの資料が必要か見えてきます。

　この時，もし，資料不足が判明した場合は，リサーチの目標を資料で主張できる範囲に限定する形で修正します。具体例でいうと，「スピーキングの能力を伸ばす」リサーチのはずだったのに，手持ちの資料には会話能力の資料がなく，スピーチの資料だけだったとしたら，当初のリサーチ・クエスチョンの設定を，「スピーチに現れるスピーキング能力を伸ばす」と修正することによって，一貫した論理の展開が可能です。

Q28：実践した活動を，どの程度，記述すればよいのか？

　報告には全体像と具体例の両方が必要です。特に，仮説に対応してある活動を実施した場合，レポートでは次の点をもりこむことが必要です。
(1)　活動内容の解説。たとえば，shadowingを取り入れたとしたら，それは具体的にどのようなことをする活動かを説明する。
(2)　授業のどの場面で使用したか。warm-upか，発展的な活動か，どの程度時間を割いたか，典型的な授業のパターンも示す。
(3)　成功した具体例。また，検証では活動を取り入れる前の例と継続して実施した後の例を比較して示す。
(4)　長期に実施した場合は，大まかな予定表と実践記録。

Q29：論文の構成を教えてください。

　一般的なレポートの構成要素，記述の順序は以下のとおり。
(1)　タイトルと氏名：タイトルはリサーチの目的が読者に伝わるよう工

夫する。氏名には勤務先も付記する。
(2) 背景説明：地域，学校，クラスの様子など，読者がリサーチを理解するために必要な最低限の情報に限定する。
(3) リサーチの目的：どのような問題の解決を目指すのかを記述する。「問題の発見」に当たる部分。
(4) 事前調査：質的・数量的調査方法と結果。明らかになった生徒の実態を示し，「リサーチ・クエスチョン」を提示する。検証できなければ，検証できる作業用定義（19ページ参照）で言い換える。
(5) 仮説の設定：リサーチ・クエスチョンを具体化した対策。これも検証できる形で記述する。
(6) 仮説の実践：別の人が再調査できるように具体的に記述する。
(7) 調査結果：「仮説の検証」にあたる部分で，1つ1つの仮説を検証するためのデータを整理して示す。
(8) 結論：個々の仮説の結論を簡潔にまとめ，総合的にリサーチが授業改善に持つ意義を結論づける。また，方法上の問題点，残された課題にも言及する。さらに，ARが教師としての自分に，どのような変革をもたらしたかも記述する。
(9) 参考文献と付録：本文に入れると論の展開が途切れるような実践の説明やデータは，整理して付録に入れる。

*

ARの定義自体にもいろいろあるように，リサーチの方法も，レポートのまとめ方もここで示したものが唯一絶対ではありません。ただ，授業改善のARとして一番取り組みやすいと私が考えた形を紹介したに過ぎません。また，同じ形式で進めると，同僚と話し合いをする場合にも，意見の交換がしやすいというメリットがあります。是非，第2部で紹介する実践例を参考に，自分の問題を見つけ出し，解決に向けて取り組んでみてください。きっと，そこに新しい世界が開けるはずです。

最後に，はなむけの諺をひとつ。

You never fail unless you stop trying!

第2部

テーマ別アクション・リサーチの進め方

　この部では，教員研修などでよく取り上げられるアクション・リサーチ（AR）のテーマを8つ選び，それぞれの背景知識や指導法，検証の仕方，そしてリサーチの具体例を紹介します。

　各章のはじめに，それぞれのテーマでARを行う際に必要な背景知識，すなわち，それぞれの問題をどのようにとらえたらよいか，また，生徒がつまずきやすいポイントとその原因，その対策と指導方法，さらに検証の方法などを紹介します。

　また，実際に教員研修でARを実施した折に書かれたレポートの概略を1，2点紹介します。その多くは比較的短時間に行われたもので，レポートも簡潔にまとめられています。ですから，限られた時間の中ではじめてアクション・リサーチを行う方には参考にしやすいでしょう。

　さらに，「アクション・リサーチの会＠横浜」のメンバーなどが行った，比較的長期にわたるリサーチのレポートも紹介します。こちらのレポートは，背景説明から問題の発見，リサーチ・クエスチョンの設定，事前調査，仮説の設定，仮説の実践，調査結果報告，結論に至るまで，具体的な資料を提示しながら報告していますので，アクション・リサーチの全体像がわかり，実践の参考になる点が多いと思います。

第1章 「基礎的な英語力」をテーマにしたアクション・リサーチ

コミュニケーション活動には喜んで取り組むのだが，学習したことはすぐ忘れ，テストで点数が取れない生徒が見られます。どうしたら基礎的な英語力を定着させることができるのでしょうか。4スキルの指導法の前に，まず基礎的英語力をどうつけるかという問題を考えましょう。

1. 背景知識と指導例

(1) 「基礎的な英語力」とは

この問題を考えるには，まず，「基礎的な英語力」を定義する必要があります。発音の問題をとりあえず横に置いておくとすれば，それは「基礎的な文法と語彙の知識の定着」だと言えるでしょう。では，「基礎」とは何か，また，「知識の定着」にはどんな過程が必要なのでしょうか。

コミュニケーション能力の育成が英語教育の目標である以上，「基礎的な英語力」もそれにつながるものでなければなりません。すなわち，文法学習の視点からは「基礎的」な知識でも，それがコミュニケーションに必要不可欠でなければ，「基礎的」ではないということです。そこで，コミュニケーションの視点からの基礎と，文法指導の視点からの基礎が重なる部分を「基礎的な英語力」と捉えることにします（図1参照）。

たとえば，「3単現の-(e)s」は中学1年生で扱う項目ですから，文法指導上では「基礎的」なものです。しかし，意味伝達を主眼とするコミュニケーションの視点からは，比較的マイナーな問題です。一方，語順

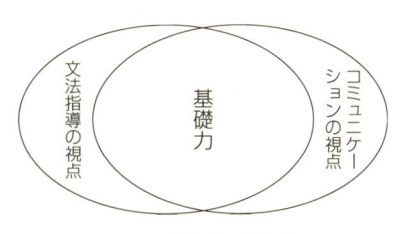

図1. 基礎的な英語力

(図中: 文法指導の視点／基礎力／コミュニケーションの視点)

や動詞の時制の違いはコミュニケーションにおいては致命的です。たとえば，"I love you."のつもりで"I loved you."と言ったら，「今は愛してはいない」と取られます。このように，誤りには，重大な誤解を生じさせるglobal errorと，その可能性が比較的低いlocal errorがあります。「基礎的な文法」には，global errorが関係します。

① 「基礎的な文法」とは

　基礎的な文法事項とは，global errorを生むものです。そのまず第一が語順です。主語・動詞・目的語や補語の位置，修飾節や句の位置も重要です。次に動詞です。現在形，過去形，未来形，現在完了形，また，進行形や受動態などの知識が必要です。また，疑問文や否定文も重要です。さらに，不定詞や動名詞などを文の動詞と区別して使い分けることもできなければなりません。連結詞も，次に来る論理の流れに大きく影響します。

　一方，local errorには，上に述べた3単現や名詞の複数形の誤り，前置詞や冠詞の誤りなどがあり，間違えても意味の伝達に大きく差し障りがあるものではありません。コミュニケーションの上ではglobal errorとlocal errorでは同じ誤りでも重さが違うのです。この意味では，語彙の誤りはもっとも重い誤りの1つです。

② 「基礎的語彙」とは

　中学生にとっての「基礎的語彙」とは，身近な事柄を表現したり理解したりするときに必要な語彙だといえるでしょう。また，高校受験を考えた場合は，地域で使用されている教科書に共通して使用されている語彙を拾い出すのも一策です。また，いろいろなコーパスから重要な語彙

を選ぶ研究も行われています。基礎的な語彙でも,それが表現に必要なのか,理解に必要なのか,区別して考える必要もあるでしょう。

　大学受験を目指す高校生の場合は,センター試験でかなりの成績を取るために最低必要な語彙は見出し語で4,000から5,000語と言われています。しかし,これらがみな同じ重要さを持つわけではありません。基礎的な1,000語や2,000語レベルの語彙を習得していなければ,難しい単語は砂上の楼閣です。基礎的な単語の処理がすばやくできないと,テスト問題に対応できないし,コミュニケーションにも役立たないのです。

⑵　基礎的な英語力の定着を図るには

　次に,英語力の定着を図る方法を考えてみます。「教えたのに,すぐ忘れる」という悩みはどの教師も持っています。もちろん,まず「覚える」ことが必要です。次に,覚えたことがより大きな意味の枠に位置づけられて,知識として「定着」しなければなりません。さらに,それを「使える」知識に変換する段階があります。この3段階は,同時進行で生じることも多いのですが,ここでは分けて考えてみます。

① 「覚える」

　「覚える」には,単語や文法を自然に覚えてしまう場合と,何度も練習して覚える場合の2通りがあります。前者を「獲得」(acquisition),後者を「学習」(learning) と区別することもあります。区別して考えるとすると,できれば,「獲得」が望ましいのですが,そのためには,どのような指導が必要でしょうか。

　まず,教室のムードが開放的で,教師と生徒との関係も良好でなければなりません。その中で,生徒が興味を持っている内容を,言葉のやりとりを大切にしながらたくさん話して聞かせます。英語も理解可能で,かつ生徒の言語知識のレベルを少し上回った項目を入れ込んだインプットを大量に与えるのです。ですから,教えるというよりは,楽しく話し合う雰囲気で行われることになります。

　しかし,英語への接触時間が不足している日本では,「獲得」だけに期待することはできないので,練習による「学習」もあわせて行う必要

があります。しかし，その場合でも，生徒にとって身近で興味深い話題を用い，繰り返し接する機会を与えることが大切です。たとえば，生徒の知っている情報を用いてリスニングで導入する，単語カードで意味と発音の確認をする，次にまとまりのある文章の中で聞かせる，教科書を何度も音読させる，ノートに書き出させ自己表現の文を書かせ，スピーチにして発表させる，などの繰り返し使わせる指導が必要だということです。

②知識を定着させる

次に，「知識の定着」について考えてみましょう。たとえば，現在完了を学習し「覚えた」とします。しかし，現在完了に焦点化した練習や言語活動だけでは，「定着」しません。現在完了の概念は現在形や過去形などの時制のネットワークに位置づけられて初めて定着するからです。そうでないと，現在完了の知識だけがバラバラに存在し，短期的な記憶にはなっても時制の枠組みに定着はしないのです。では，どうすればよいのでしょうか。

まず，導入では，「覚える」の段階で述べた工夫をすると同時に，open sentence practice（73ページ参照）などを用いてターゲット文を短期的な記憶に取り入れます。その後，ターゲット文を含んだモデルを与え，まとまりのある文章を書かせて発表させたり，会話でも繰り返し「使用」させます。その一方で，時制の文法練習で意識的に定着させるような「学習」もさせます。「学習」と「使用」の順序は逆でも構いません。ただ，両方が「定着」には必要なのです。それでもまだ，「基礎的な知識」であって，「使える知識」にはならないことが多いでしょう。

③「使える」知識にする

「基礎的な知識」があれば，たとえば，Jim（play/plays）baseball every day.で正しい形を選ぶことができます。また，苦労すれば，コミュニケーションに使用することもできるでしょう。ただ，「使える知識」にするには，たくさんの，現実に使用する経験と，全体的な英語力のレベルアップが必要です。逆に言えば，「教えたから使えるはずだ」と考

えるのは誤りです。本当に使えるようになるには，意識的な学習と，現実的に使用する体験を何度も繰り返すことが不可欠なのです。

では，実際に基礎的な英語力を伸ばすにはどのような指導が必要なのかを考えてみましょう。

(3) 語彙力を伸ばす指導例（中学校レベル）

「文法を教えるのは教師の仕事だが，単語を覚えるのは生徒の責任だ」と考えているとしたら，それは大きな誤りです。生徒が英語でつまずく原因は，多くの場合，単語です。文法が問題のように見えても，実は単語の知識不足ということが多いのです。ですから，教師は語彙習得を助けるために最大限の援助をしなければなりません。

①導入の仕方を工夫する

具体物を表す単語はできるだけ日本語を介さずに，実物や絵を示しながら，あるいは文脈の中で聞く活動を繰り返し，意味と音を結びつけ，その後，文字を見て発音させるのが基本です。もちろん，日本語訳を用いた方が手早くすむ場合もありますが，いちいち日本語を介さずに，理解できる単語を増やすことで，「使える知識」に転換しやすくなるからです。

実物（desk, pencil, etc.）がある場合は，Touch a desk. / Put a pencil on the desk.など，英語で命令を出し，最初は教師の動きをまねて動作させ，次に生徒だけで動作させ定着を図るTotal Physical Response（TPR：全身反応学習）が効果的です。日常的な動作の動詞（get up, walk, play, etc.）などもこの手法で指導できます。また，身体動作に伴う副詞（slowly, quickly, etc.）にもTPRが利用できます。happy, sad, angryなどの形容詞も，表情や身体表現に結びつけて指導します。この方法を嫌う生徒には無理強いをせず，友達の動きを観察させてもよいでしょう。見ることでも動作するのと同程度の習得が期待できると，TPRを提唱したAsherは主張しています（Asher 1977）。

絵にできるもの（sun, sea, mountain, etc.）は絵にして，Touch

the sun. / Walk to the sea. / Go to the mountain. など模擬動作をさせます。職業名なども絵カードを用いて，Pick up a doctor/a teacher/a student. などと導入し，カルタ取りの要領で練習をします。関連する単語はまとめて提示し，既習語も含めて繰り返し使うことで定着を図ります。

　teacher talkで新語を導入するときには，生徒の持っている情報を活用します。たとえば，教科書でロンドンが紹介されるなら，出てくるriver, bridge, tower, streetなどの単語は，自分の町の固有名詞と結びつけて導入し，町の紹介が単語の導入となるようにします。単語学習も，生徒の知識や体験や身体と結びつけるのがコツです。

②定着を図る

　教科書の理解を確認したら，phrase reading, overlapping, shadowing, read and look up などの音読活動で意味と音とのつながりを強化します。空読みを避けるために，教科書の本文中の単語を何か所か消したものを利用して，意味を考えながら音読することも効果的です。また，文ごとに，Who does what? When? Where? How? Why?などの質問を行えば，文構造に対する意識を高めるだけでなく，語彙の定着にも有効です。

　bingo gameなどの単語ゲームは楽しい雰囲気の中で語彙の定着を図ることができます。また復習として教科書を教師が音読し，その中でわざと内容語を誤って読み，気づいた生徒は机をたたいて挙手し誤った箇所を言い直すような活動も効果的です。

　語彙定着のためにはフラッシュ・カードも欠かせません。意味の理解を確認してから，スペルと音の関係に注意を向け発音練習をします。その後は，スピードを上げたり，関連する語をあげさせたり，最初の文字だけを見せて単語を当てさせたり，日本語訳から英語を言わせたりします。また，次の時間には前時の復習として単語テストを継続して行っていくことも必要でしょう。

　自習の活動としては，学習した単語を意味のグループで分類したり，

絵にまとめて描かせたり，ひとつのkeyとなる単語から連想される語でmappingを作らせたりします。

さらに，学んだ単語を使える知識にするために，教師が授業で英語を積極的に使用し，学習した単語を文脈の中で聞くチャンスを多くします。また，自己表現の作文やスピーチをさせるのも効果的です。さらには，多読などで多くのインプットを受けるよう励ますことも忘れてはなりません。

(4) 語彙力を伸ばす指導例（高校レベル）

中学英語が高校英語の基礎となるのですから，上に述べた単語指導は，基本的には高校でも該当します。ただ，センター試験では，4,000～5,000語の見出し語の知識が必要だとされていますから，さらなる配慮が必要です。

①学年のゴールを設定する

中学校で学習した語彙をどの程度習得しているのか，入学時に語彙サイズテストを実施し，生徒の実力を把握することが大切です。たとえば1,000語レベルの生徒が多いなら1年の終わりには2,000語，2年では3,000語，3年で目標の4,000語と，ステップを踏んだ指導が必要です。

②抽象的な語彙の導入方法

絵や図で示せない抽象的な語は，次のような指導手順で導入することができます。

▶ "adamant" の例

Step 1：[準備] Professor Smith never changes his mind.
Step 2：[意味の伝達] Once Prof. Smith makes up his mind about something, he is adamant.（机をたたく身振りをしながら）
Step 3：[繰り返し] Adamant, adamant.
Step 4：[検証] When your father gave you orders, was he adamant?
Step 5：[使用] Do you think it's good for teachers and parents to

　　　　　be adamant?　　Who is more adamant, a man or a woman?
　Step 6：［モデル文］Because of the nature of politics, it is not wise
　　　　　for a politician to be too adamant.

　最後の文はディクテーションさせるか，板書した英文をノートに書かせるかして，定着を助けます。

③意図的な語彙の拡大

　接頭辞や接尾辞や語源に言及することで，語彙の拡大を狙うことができます。特に，日本語化した語には有効です。たとえば，「テレビジョン」から telephone, telescope, telepathy, vision, visible, invisible など，「ビタミン」から vitality, vivid, vital, vividly などが可能です。教師に語源の知識があれば，容易に実施できます。ただ，無理に暗記させ負担が過重にならないような注意が必要です。

④単語集の使用

　単語集を宿題で暗記させ，テストする指導がよく行われますが，生徒の学習意欲が高いか，覚え落としを補うために使用する場合を除けば，この指導は成果を上げないことが多いでしょう。短期的に記憶はしても，結びつく枠がなく定着しないからです。むしろ，既習の教科書の単語を指定したり，テーマを決めて，ライティングやディベートなどに必要な語彙をリストにして，使用しながら記憶させたほうが有効です。

⑤推測力を高める練習

　未知語に出会ったときに，それを積極的に推測する方法を身につけさせることも必要です。この点はリーディングの章で説明します。

⑸　文型や文法事項の指導例

　ターゲット構文を使ったペアワークなどの練習が，「コミュニケーション活動」としてよく行われています。意欲を高める効果はありますが，次の点に配慮が必要です。

＊文型に焦点を当てた活動は，その言語項目を「覚える」ことは助けるが，関連知識とのネットワークを作る機会がなく「定着」しない。

＊実際のコミュニケーションでは，言語項目が単独で用いられることはまずない。学習した項目と既習の項目を結びつけるための「学習」や，まとまりのある意味伝達を意図した言語活動が「定着」には必要である。

ここでは現在完了を例に，「学習」と「定着」に段階を分けて指導例を紹介します。

①**学習**

1）生徒とinteractionをしながら，最終的に次のような内容を整理して板書し，生徒に現在完了の意味を推測させます。

  I like watching SF movies.
  I often watch SF movies.
  I watched *Star Wars* last night.
  I have watched it five times.

2）生徒に現在完了の意味を推測させたのち，まとめとして，

  I have a *Star Wars* video.
  I watched it last night.
  I have watched it five times.

を示し，「have watched it five timesはwatchedしたことを5回持った，だから，5回見たことがあるという意味になるんだね」と現在完了形を既習の知識に結びつけて解説します。(「完了」は，「ちょうどし終わったことを持っている」，継続は「ずっとしたことを今も持っている」と説明します。) その後，メカニカルな練習で理解の促進を図ります。

②**定着**

1）次の質問に英文で答えさせます。

  What do you like doing when you have time and money?
  Do you often do it?
  When did you do it last time?
  How many times have you ever done it?

2）生徒が答えた英文を核に，友達を誘う文章を書くように指示し，教師が以下のようなモデルを示します。

　　I like watching SF videos. I often watch them. Last night I watched *Star Wars*. I have watched it three times. Why don't you watch it some day? I hope you'll like it.

3）英文を暗記し，グループで発表させ，また，教師やALTとの対話練習にも使用し定着を図ります。さらに，こうした課題をいくつか指定し，学期に1〜2回の面接テストをします。

4）その一方で，現在形，現在進行形，未来形，過去形，現在完了形などを総合した文法問題で，正しい動詞形を選ぶドリルも行います。

2．検証のしかた

　基礎的な英語力の伸びを検証するには，さまざまなテストの結果を事前と事後で比較します。普段行っている小テストや定期テストの成績の変化で見ることもできますし，総合的な英語力を客観的に測るためには，英検やTOEIC Bridgeや，数研式標準学力検査NRT（集団基準準拠検査）／CRT（目標基準準拠検査）などもあります。また，語彙サイズテストや，英検の文法や語彙の部分だけを用いたり，既習の知識の定着を見るため，前学年の問題集から自作することも可能です。大切なことは，リサーチの目標に合致した調査を実施することです。

　また，アンケートの結果も重要なデータとなります。生徒が現在どのような力が不足していると感じているのか，どのような力をつけたいと考えているのか，またどのような力がついてきたと感じているのか，時間の経過とともに聞いていくことで全体像が見えてくるでしょう。

　基礎的な英語力の目安として，語彙サイズ測定テストを行い，推定語彙数を測ることもできます。

3. 教員研修で行われたアクション・リサーチ（概要）

> **ケース1**
> 自分の思いを英語で表現できる基盤作りのために、語順とスペルの定着を図るにはどうすればよいか。　　　　（公立中学校1年）

(1) **事前調査（4月）**

　授業観察、定期テストの分析、アンケート結果を見ると、単語を聞けば理解でき、書いてある単語は読めても、正確に書けない生徒が多いことがわかった。また、文字と音との関係が定着していないため、ローマ字のルールだけでは書き表すことができず、さらにローマ字のルールさえも完全には定着していないし、語順の意識も低い生徒が多い。

(2) **仮説の設定**

〈仮説1〉　ローマ字の復習を手早く実施し、フォニックスの指導を行えば、自分で考えて単語を読み、書こうとするだろう。

〈仮説2〉　集中的に語順指導を行うことで、表現したいことを自分で英語にしようとするようになり、自己表現力が伸びるだろう。

〈仮説3〉　授業や宿題に書く自己表現活動を増やせば成果があるだろう。

(3) **実践と検証（4～1月）**

　ローマ字の復習とプリントでフォニックスを学習したことで、新しい単語でも、自分で発音を考え出そうとする生徒が増えてきた。また、スペルを尋ねる生徒たちに、発音しながら文字を問い直すと、自分で組み立てることができるようになった。語順も、図を用いて語順講座を行ったところ、考えて作文する態度が育ってきている。これら生徒の様子から成果が出ていると感じているが、数量的な検証はできていない。

〈佐野先生のコメント〉

　「基礎・基本の定着」には、言語活動だけでなく、意図的な「学習」も必要だということを明らかにした点で、貴重なARである。検証するには、未習語を何％読めるかを事前と事後で比較すれば可能だろう。

> **ケース2**
> 1,500語程度の語彙力が身につき，授業がわかる喜びを経験させるにはどう指導したらよいか。　　　　　　　　　　（公立高校1年）

(1) **事前調査（6月）**

　アンケートで約90％の生徒は「英語が苦手または好きではない」と答えているが，80％は「英語ができるようになりたい」と思っている。語彙サイズテストの結果は平均で1,040語であった。

(2) **仮説の設定**

〈仮説1〉　語彙力がつけば，英語がわかるようになり意欲も出るだろう。

〈仮説2〉　主な品詞を区別することを教え，簡単な英文（5語程度）を暗記させれば，基本的な英文構成が身につくだろう。

(3) **実践と検証（6～12月）**

〈仮説1〉　当初は単語集を小テストで確認して単語習得を狙った。平易なうちは7割が合格したが，意欲低下が顕著になった。そこで，フラッシュカードで意味の確認と発音練習を行い，その中のいくつかの単語の絵を描かせ，Q and Aを実施したり，単語に関する4択のクイズを作らせペアワークなどを実施した。授業は活気が出て，語彙サイズは1,250語となり，生徒も語彙力は伸びたと感じている。

〈仮説2〉　短文の暗記，小テストと音読テストを実施した。毎回10個と数が少なかったこともあり，結果はよかった。音読テストも英文の暗記の助けになった。品詞は動詞と名詞の区別はできるようになった。定期試験でもこれまでで最高の点数がとれ，意識調査からも，42名中「授業がわかる」は27名（64％）に，「楽しい」が15名（36％）に増えた。

〈佐野先生のコメント〉

　「英語嫌い」は教師が作る。わかる授業をすれば生徒は積極的になる。このARは，単語指導は授業の根本だということを明らかにした点に意義がある。また，短文の暗記による文型への意識化や音読指導の大切さも教えている。

4. アクション・リサーチの実践レポート

> **テーマ**
> 基礎力をつけさせ，苦手意識の克服をめざすアクション・リサーチ
> （公立中学校3年）

(1) 背景

　このアクション・リサーチ（以下，AR）は，学校を異動して出会った3年生とともに行ったものである。この学年は，これまでも複数の英語教師が担当しており，中には3年間英語の教師が違うという生徒もいる。教師が替わることは，生徒にとっても教師にとっても大きな負担となる。3年生になった今，英語が嫌い，苦手だと感じている生徒が多く，半ばあきらめかけている生徒も見られた。基礎的な力が不足しているため，授業に対してもなかなか前向きな気持ちになれないようである。半面，受験を控えて，なんとかこの1年間で少しでも英語ができるようになりたいという思いも伝わってきた。この思いに応えるためにも，はじめて出会う生徒たちだからこそARが必要だと考え，まずはより良い人間関係を築きながら，どうしたら基礎的な英語力を身につけさせ，前向きに取り組ませることができるかを考えた。

(2) 事前調査

　①4月，1学期のはじめに3年生97名を対象にアンケートを実施した。「あなたは英語が好きですか」という問いに対して，60％の生徒が，英語が「嫌い」または「どちらかと言えば嫌い」と答えた。「いつ頃からそう思うようになりましたか」と聞いてみると，そのような生徒は，中1のはじめの段階で，すでにつまずきを感じているようである。また多くの生徒が，英語を聞く・話すという音声面での活動を難しいと感じており，音声面の指導を充実させる必要を感じた。同時に，文の組み立てや英語を書くことにも困難さを抱えていた。また伸ばしたい力を尋ねたところ，「英語で話せるようになりたい」という回答が最も多く，次に

「リスニングの力をつけたい」という意見が続いた。音声面での苦手意識と同時に,その必要性も認識しているようである。

②生徒たちの英語力の1つの目安として,望月(1998)の語彙サイズ測定テスト(1,000語レベル)を行った。その結果,推定語彙数(30問中の正答率を1,000語に換算)の平均は844.6語であった。この結果から判断すれば,生徒はそれなりの言語の知識を持っていると言えるが,それら全てがすぐに使える知識として定着しているとは限らない。これらの知識を活性化させ,使える語彙を増やしていく必要があると考えた。

事前調査の結果等に基づき,次のリサーチ・クエスチョンを設定した。

> 英語に対する苦手意識が強いクラスで,生徒が自信を持って授業中の活動に参加し,英語がわかる・できるという実感を持てるように,基礎的な英語力をつけさせるには,どのような指導が効果的か。

(3) 仮説の設定

事前調査や授業の観察等から明らかになったことは,生徒が英語に対してやや否定的なイメージを持ち,苦手意識が強い者が多いということであった。中には苦手意識が強く,はじめからあきらめてしまい,ますます英語が嫌いになってしまう者もいる。その悪循環を断ち切るためには,まず基礎的な英語力をつけることが大切である。そこで,生徒にとって取り組みやすいことから始めることによって,「自分にもできる,わかる」という実感を持たせ,少しでも英語が好きになるように工夫をしていきたいと考え,次の仮説を設定した。

〈仮説1〉 授業の冒頭で,基礎的な語彙を使ったビンゴを行えば,全員が授業へ参加する姿勢ができ,必修の単語の定着に役立つだろう。

〈仮説2〉 その日に学習する表現や内容を意識しながら,生徒の興味を引くteacher talkを実施し,interactionを行っていけば,英語を聞く姿勢やわかるという実感を持たせることができるだろう。

〈仮説3〉 基礎的なリスニングの問題をくり返し行えば,苦手意識克服

の助けとなり，リスニングへの自信や能力が伸びるだろう。
〈仮説4〉 内容を理解したテキストで音読練習やshadowingなどを行えば，生徒が英語を話しているという実感を持つことができ，表現力の向上につながるだろう。

　また，1年後の最終ゴールとして，「2/3以上の生徒が，英検4級の問題で8割以上の正答をする総合的な英語力を持つ」と設定した。

(4) 仮説の実践と検証

　〈仮説1〉のビンゴに関しては，ほとんどの生徒が楽しんで取り組み，授業へ参加する姿勢を作るという点で効果があった。11月にアンケートを取ると，成績では下位の生徒たちも，「ビンゴが楽しかった」という感想を多く残している。楽しいだけの活動になっていないかという検証は必要であるが，少なくとも授業の最初にビンゴがあることで，「次の時間，英語か…嫌だなぁ」という気持ちになる生徒が少なくなったとは言えると思う。何よりも，授業の始まりに楽しい活動があることが，意欲的に取り組むポイントになる。また，生徒たちはビンゴが単語学習にも役立つと考えていることが後のアンケートから伺えた。今回は実際に語彙力の伸びを検証するまでには至らなかったが，はじめの内はつづりを言ってもなかなか単語を見つけられなかった生徒も，ビンゴの回を重ねるごとに単語を素早く見つけてチェックできるようになっていった。また，英語が嫌いになってしまった生徒に単語を10回書かせるだけでも容易なことではないが，ビンゴを行うことで，「やらされている」という意識を持つことなく，毎回24個の単語を書いているという事実は，それだけでも大きな意味を持つのではないかと思う。

　〈仮説2〉と〈仮説3〉の実践を通して，生徒の英語を聞くことに対する姿勢やリスニング力はかなり変化した。授業中に教師が英語を話し始めた時の生徒の顔つきが，1学期のはじめ頃とは変わってきたと感じる。それは英語を聞いて「わかる」という実感を持てているからであろう。「日本語の説明を聞いてわかった時よりも，英語の説明でわかった

時の方がうれしい」という感想をアンケートに書いた生徒もいた。

　CDを使ったリスニングの問題にも積極的に取り組み，定期テストのリスニング問題でも高い正答率を示すことができた。1学期中間テストと2学期期末テストのリスニング問題の結果を比較してみると，正答率の平均（97名）は70.1％から86.7％に伸びている。さらに，1学期中間で正答率が8割に満たなかった生徒61名を取り出して見てみると，59.0％から82.5％へ伸びていた。その中には，23.1％（3/13点）から78.6％（11/14点）への伸びを見せた生徒もいた。また，1学期はじめのアンケートでは，「英語を聞き取ること」を難しいと感じていた生徒が68％（66名）いたが，3学期にはそれが21％（17名）にまで減少した。もちろん，この結果だけからリスニング力がついたとは断言できないが，1学期のはじめにはリスニングを苦手として，問題に手がつかなかったような生徒にとって，〈仮説3〉の実践は，リスニングに慣れ，自信をもって取り組むための基礎力を身につけさせる手助けとなったと言える。当初は，自分で英語を使って表現することができないため，英語ができるという実感が持てないでいるのではないかと考えていたが，1年間の実践を通して，特に英語が苦手だと感じている生徒にとっては，英語を聞いて「わかる」ということが，英語の授業が苦痛でなくなることの第一歩であると感じた。

　〈仮説4〉については，教科書の内容を理解した後，様々な方法で音読を行った。音読の意義や，目と口と耳を使うことによる効果についても生徒に説明をして，納得した上で取り組ませるように心がけた。後のアンケートによると，音読に楽しさを見出した生徒は家庭学習でも自分から進んで取り組み，それなりに効果も感じているが，それによって話せるようになったかというと疑問を感じている者が多い。また，教科書の本文ではかなり難しくなってきて，やはり面倒だと感じる生徒も多いようである。そこで，自信をもって取り組めるようになっているリスニングの活動で使われた英文を音読に活用し，その一部を自分の言葉に置き換えて練習することなどで，スピーキング力の向上を目指したいと考

えた。リスニングの問題で集中して聞いた教材をすぐに音読に利用すると，音が強く頭に残っているため，教科書の本文を音読するときよりもスムーズに入ることができたように思う。音が頭に残っているうちにそれをまねることで，生徒は自信を持って声に出すことができ，同時に，内在化された英文をさらに強化することができるのではないかと考える。このことは，教科書の音読の際にも，前もって何度もその英文を聞かせ，インプットすることの重要性を示唆している。しかし，ここからスピーキングにつなげていく手だてについては，今後の課題として残された。

⑸ 結果

1月末に英検4級の過去問題（1999年度）を使ってテストを行った。リスニング20点，筆記45点の65点満点で，当初設定したゴールは，2/3以上の生徒が8割（52点）以上の正答をすることができる，というものであった。結果は，80名中2/3を上回る56名（70％）が8割以上の正答をすることができた。

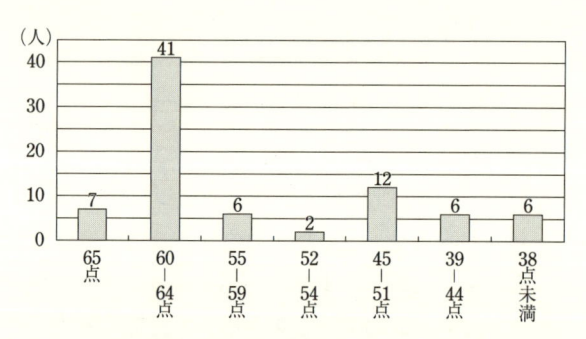

図1．1月末の英検4級（過去問題）の成績（平均点：54.9点）

また，リスニングの結果だけを見てみると，60名（75％）の生徒が8割（16点）以上の正答をしている。英検の合格点（39点）で考えれば，全体の93％にあたる74名が4級合格ということになる。3年生のこの時期で4級は易しすぎるという批判もあるかもしれないが，年度当初の観察やアンケート結果から，3級ではハードルが高いと感じる生徒もいる

と考え、4級を基準にゴールを設定したのである。

　また、4月のアンケートで行った質問「英語は好きですか」を1月に再び聞いてみたところ、92名中61名（66％）が「（どちらかと言えば）好き」と答え、1学期の初めに60％いた「（どちらかと言えば）嫌い」という生徒は34％に減少していた。

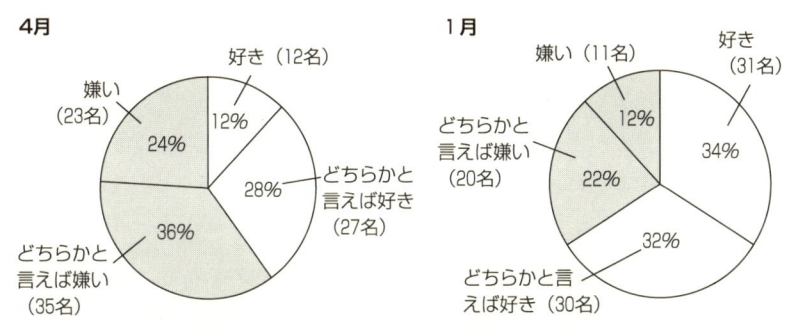

4月
- 好き（12名）12％
- どちらかと言えば好き（27名）28％
- どちらかと言えば嫌い（35名）36％
- 嫌い（23名）24％

1月
- 好き（31名）34％
- どちらかと言えば好き（30名）32％
- どちらかと言えば嫌い（20名）22％
- 嫌い（11名）12％

図2．アンケート「あなたは英語が好きですか」

　この結果から、今回のARで目指した「英語に対する苦手意識が強い生徒に、基礎的な英語力を身につけさせ、自分にもできる、わかるという実感を持ち、少しでも英語が好きになるような授業」をある程度達成できたと考える。

　以下は、生徒の1年間の授業の感想の一部である。

・ビンゴは楽しかったし、何回か同じ単語を書くから忘れかけていた単語も書けるようになれた。
・1、2年生のときは、はっきり言って英語は大キライでした。でも3年生になってからは大スキになりました。授業もとても楽しかった。
・1、2年生のときのつまずいていた所もわかるようになったし、3年の授業はとてもわかりやすくて、ビンゴとかもあってすんごく楽しかった。
・毎回ビンゴをやったりするのが楽しかったです。先生は英文をくり返し言ってくれて、テストのときにもぱっとその英文が頭に浮かぶようになりました。

・いろいろな視点から（ビンゴやリスニングなど）英語の勉強ができてよかった。あと，たくさん英語を読むことで，書くだけでなく聞く方も上達してよかった。

(6) まとめと今後の課題

　今回の反省点は，まず，年度当初に生徒の英語力を計るためのテストをしなかったため，1年間でどれだけ伸びたのかということをデータとして表すことができなかったという点である。また，仮説の設定の際に，その検証の方法があいまいであったため，仮説の検証の記述に印象的なものが多くなってしまった。

　しかし，ARはあくまでも授業改善のための手段であって，それ自体が目的ではない。限られた授業時間の中で，データをとるためのテストをする時間を捻出することは，必要だとわかっていてもできないことが多かった。しかし，リサーチの過程で，アンケート等を通して生徒の生の声に耳を傾けることで，教師も生徒からエネルギーをもらいながら，相互に高め合って授業を進めていくことができるのだということに気がついた。一番大切なことは，目の前にいる生徒たちに，英語が少しでもわかるようになってもらいたい，英語を好きになってもらいたい，そのためには授業をどうすればよいか，という思いである。

　今までは，ただ漠然と「ここではこれを教えて，この活動を入れて」というように，授業で何をやるかということばかりに目がいきがちであったが，ARを行うことで，どのような生徒を育てたいのか，最終ゴールは何かということを明確にしようと心がけるようになった。このことは，絶対評価を行っていく上でも大切なポイントである。

　今後の課題としては，3年間の長期的な視野に立ち，計画的にリサーチを進めていくことである。どの学年のどの時期に何を行うのかを明確にすれば，常に目標に照らして自分の授業を見つめ直し，授業改善を図ることができる。このことが生徒の英語力を伸ばす上で最も大切なことだと思う。

　　　　　　　　　　　　　　　　　　　　　　　　　　（中西美保）

第2章 「リスニング」をテーマにしたアクション・リサーチ

教科書を読んで日本語に直すのは嫌がらないのに、英語を聞き取ることに抵抗があり、リスニングテストの成績もよくないクラスでは、どんな指導をすれば聞くことや話すことにもっと積極的になり、成績も上がるのでしょうか。また、大学入試センター試験のリスニングテストに向けて、高校ではどのようなリスニング指導をすればいいのでしょうか。

1. 背景知識と指導例

なぜ日本では、冒頭のようなリスニング苦手症候群が現れるのでしょうか。日常的に英語を聞く必要性が少ないことがまずあげられます。たとえば、毎日のように外国人と接する機会のあるヨーロッパでの外国語教育の目標を見ると、リスニングの到達レベルが非常に高いのに驚かされます。しかし、こうした社会的な要因ばかりが原因ではありません。日本の文法訳読式の授業形態が大きく影響していると思われます。そこでは、単語は単語、文法は文法、パラグラフはパラグラフというように、バラバラの知識として詰め込まれてきました。総合的な英語力が必要なリスニングは、文字どおりneglected skillだったのです。ところが、大学入試センター試験にその導入が決まったことで、リスニングへの興味が急速に高まっています。

リスニング力の重要性は強調してしすぎることはありません。外国で生活してまず困ることは聞き取りができないことです。相手の言っていることが理解できなくては、日常会話もビジネスも成立しません。ですから、listening for communication、すなわち、相手の情報や意図を聞

き取るためのリスニング力は，実践的コミュニケーション能力に不可欠な要素です。しかし，リスニングが大切な理由はそれだけではありません。リスニングは4技能の中でも，最も「基礎的英語力」を強く反映するといわれています（川越 2000）。というのは，リスニングでは，語彙力や文法力，談話の知識などを総合的に，しかもすばやく駆使しなければならないからです。言いかえれば，リスニングは他のスキルの基礎としても重要なのです。そのためには，listening for language learningが必要です。では，教室でリスニング力を伸ばすにはどうすればよいのでしょうか。まず，なぜリスニングが困難なのかを考え，その対策を考えましょう。

(1) リスニング能力の低い生徒はリスニングへの嫌悪感が強い。

　リスニングを嫌う生徒がいるのには，理由があります。英語を日本語に置き換える作業をしている間は，英語が直接，感性に関わることはありません。ところが，リスニングでは日本語を介さず英語で情報を処理しなければなりません。自我が確立した生徒は，それを日本語で育った自我（language ego）がおびやかされると感じてしまうのです（Stern 1983）。英語の音声に対して心を閉ざし，敵対心を持つことさえあります。ではどうすればよいのでしょうか。

　小学校で英語を始めると，自我がまだ発達途上なので，この問題は容易にクリアできます。また，中学生でも，入門期で音声指導を丁寧に受けていれば，軽症ですみます。一番深刻なのは，英文和訳中心の授業を受けてきた生徒が，初めて音声を重視した授業に出会ったときです。language egoが働いて，リスニングに強い抵抗感を持つのです。このような場合，まず教師は，彼らのショックに共感的な理解を持つことが大切です。その一方で，英語の音声の楽しさを，リズム練習，歌，jazz chantsやフォニックスの指導などを通して感じさせます。また，心理的なバリアを低くするために，teacher talkで平易な英語をたくさん聞かせ，自信を持たせます。教師が気軽に英語で生徒とコミュニケーション

を楽しむことで，生徒は「英語を聞くこと」に慣れていくのです。

(2) 単語を知らないか，知っていても音声認知ができない。
　スピーキングやライティングなどの表現活動では文法が大きな役割を占めるが，リスニングでは文法以上に内容語の音声認識が重要だといわれています（Rivers 1968）。ですから，リスニング力をつけるには，まず，語彙力を高める必要があります。第1章で説明したような指導によって，聞いてわかる単語を増やすことが大切です。ただ，高学年の場合は，改めて基礎的な語彙指導をする時間はありませんから，授業で扱う主要な語彙をリスニング活動に先駆けて十分指導することが大切です。
　生徒は自分の発音がネイティブの音声と大きく異なると，単語を知っていても音声では認知できないことがあります。その場合には，英語の音声ルールを意識させることも有効です。特に日本語にない音韻（たとえば /r/, /l/, /θ/, /ð/）や聞き取りが難しいといわれている音（たとえば，音が脱落したり音変化を起こしている場合）などは聞き取りの練習も必要でしょう。いずれも，「聞く」だけでなく「話す」ことに結びつけ，楽しく英語を体感させることが必要です。
　また，音声認知の能力には個人差があります。聴きとりが得意な子と不得手な子がいるのです。ただ，聴きとりの不得手な子の場合も，より丁寧な指導と多くの時間さえかければ，音声認知の能力は伸びるのです。
　とにかく，単語を知らなければ聞き取りはできませんから，教師は全力を挙げて単語指導に取り組まなくてはなりません。

(3) 文法知識が不足しているか，あるいは効率よく作動しない。
　時制などの文法知識や重要構文の知識がないと聞き取りに苦労します。特に，SVOCの文型は聞き取ることが難しいといわれています（佐野1992）。これに対処するには，ターゲットとなる文法事項の導入では発話練習の前に，ターゲットに焦点をあてて聞き取らせる活動をします。たとえば，「英文を聞いて，現在のことなら1を，過去のことなら2を

ノートに書きなさい」とか,「英文に合致している絵を選びなさい」というような指示で, まず聞き取りで理解の確認をしてから, 発話練習に入ることが大切です。

また, 文の構造を理解させるには音読練習が欠かせません。意味のまとまりで区切りを入れさせ, 意味を取りながら音読練習を繰り返します。また, 一文ごとにWho/What does what？ How？ When？ Where？などの質問をしたり, 英文を疑問文に直して音読させたりするのも, 文構造を意識化する上で効果的です。さらに高校レベルのリスニングならば, 文の主語や動詞, 目的語, 修飾関係などに注意して聞く練習も必要です。聞きながら文法にも注意を払うのです。

(4) 文中の音変化についていけない。

文中での語の発音は弱形になったり, 脱落したり, 音変化を起こしたりしますが, これが「英語が速くて聞き取れない」と感じる大きな原因になります。機能語は弱形を指導すると同時に, 文を音読する際に「内容語は強く, 長く。機能語は弱く, 短く, 内容語につけて音変化する」という原則を具体的に指導していきます。ただ, 音変化を強調しすぎると個々の単語の発音がおろそかになることがあります。内容語を強く発音することで聞き手の理解を助けるのですから, まず, ストレスに注意して明確に発音できなければなりません。音変化や脱落などのルールは, ルールとして教えるのではなく, そのつど指摘して練習を行い, 帰納的に習得させることを目指します。とにかく, 音読練習で, 意味と音との関係に注意を向けて,「意味を表現するために読む」ことを強調すると同時に, read and look up, shadowing, overlappingの手法を利用して, 繰り返し練習することが大切です（第4章参照）。

一方, まとまりのあるリスニング活動に取り組ませるときは,「強く発音される語に注意を集中し, そこから意味を想像して聞く」ことも大切な方略ですから, 意図的な指導が必要です。ポーズやイントネーションもまた, 意味理解を助けます。また, こうした作業の確認として,

dictationや部分dictationなどがよく用いられます。

以上の(1)から(4)までの活動は，listening for language learningで，特徴はbottom-upの聞き取りの指導です。

⑸　個々の文はわかるのだが，概要や要点が聞き取れない。

通常のリスニング，すなわちlistening for communicationでは，場面や状況があり，目的を持って聞くのが普通です。状況がわからないまま，目的もなく聞くことはめったにないでしょう。ということは，教室でlistening for communicationに取り組ませるときには，漠然と聞かせるのではなく，pre-taskで状況や目的意識を明確にし，聞き取るポイントを示すことが大切です。

このことに関連して，聞く内容によって，事前の指導を変える必要があります。対話なら，誰と誰がどのような場面や状況で話しているのかを知らせます。一方，まとまりのある内容なら，予備知識を活性化しておきます。こうした事前指導を「スキーマの活性化」と呼ぶことがあります（100ページ参照）が，特に，文化情報が関わるときには，こうした事前指導は重要です。

いかに事前指導を与えても，話される内容はもちろん，用いられる単語や文法，発音，速さまですべて話し手に委ねられるため，聞き手としてはいわば「相手の土俵で相撲をとる」ことを強いられるリスニングは，苦労が伴います。タスクを行っている最中の指導にも工夫が必要です。まず考えられることは，話すスピードを落とすことです。確かに教師がoral introductionをする場合は，スピードを落とし，繰り返しや言い換えを多くし，かつ視覚も利用して理解を助けることは必要でしょう。ただ，これはlistening for language learningであって，listening for communicationに取り組ませるときには，スピードを落とさないのが原則です（河野 1997）。その代わり指導の段階では，繰り返し聞かせたり，一文ごとにポーズを長めにとったりして，情報処理をする時間を確保すべきでしょう。また，聞いた後では文字を見せて，聞き取れなかっ

たところを確認させることも必要です。聞き取れないところを繰り返し聞いても聞き取れないからです。

(6) 聞き取れなかったときの対処の仕方がわからない。

　生徒によっては，知らない単語があるとパニックを起こし，聞くことを放棄してしまうこともあります。聞き取れない部分を推量することも大切なリスニング能力であることを知らせる必要があります。教科書の指導で，わざと1語か2語の未知語を含む形でリスニングをさせ，それをクイズ感覚で当てさせる指導も効果的でしょう。

　一方，ALTとの対話やスピーチを聞くときには，不明な点を聞き返したり質問をする定型表現を暗記させ，すぐに使えるように指導しておきます。教師の英語での説明も，理解できたらうなずいたり，理解できないときには軽く挙手して質問があることを示し，後で教師に質問する約束にし，そこで使用する定型表現も指導しておきます。

(7) リスニング活動に現実的な目的がない。

　リスニングは，聞き取りのポイントを指定するだけでなく，聞き取ったことを素材にした活動を設定することが必要です。たとえば，聞き取った情報をもとに話し合って決定をするとか，表にしてそれに基づいてエッセイを書くなどの作業です。現実のコミュニケーションでは，listen and respondが普通ですから，聞いたことにどのような反応を求めるのか，当初から用意しておきます。いずれにしても，教師はいろいろな種類の聞く活動と適切な事後活動を用意して，生徒に達成感を持たせつつexposureの量を増やしていくことが成功の秘密です。

2. 検証のしかた

　授業中に行った課題や，定期試験などの評価は大切なデータです。他に，リスニング力を測る方法として，次のようなものが考えられます。

①**全体的なリスニング能力を測る方法**
　英検やTOEIC Bridge等，資格試験のリスニングテストの過去問題を利用するのが便利です。目標が立てやすく，何よりも生徒がやる気を出します。結果を分析して生徒の弱点を知ることもできます。

②**語彙力を測る方法**
　通常の語彙サイズテストを聞き取りで実施すると，リスニングでの語彙力を測ることができます。また，使用する教科書とほぼ同じレベルの教科書でディクテーションを行い，聞き取れた語数の全語数に対する割合を調べる，といった方法が考えられます。

③**内容理解度をより深く知る方法**
　①のテストで，ある程度の内容理解度を測れますが，生徒が聞き取る際に書いたメモもまた，理解度や間違いの原因を知る貴重なデータです。ある程度まとまった英文を聞かせ，mappingさせたり，流れがわかるように箇条書きでノートテイキングをさせます（このとき日本語の使用を可とします）。これをもとに，クラスに合った独自の尺度で内容理解度を評価する基準を作ります。

[例]

A	何を意図した英文かわかっている。細かい推測が間違っていても，全体には影響しない。項目に分けられるだけでなく，項目同士の関係とその流れがわかる。
B	聞き取って項目別にまとめることはできるが，それぞれの関連が曖昧である。全体として何を言いたいのかわからない，または自分が持つ知識から誤った推測をしてしまう。
C	断片的にメモをしているが，キーワードとそうでないものの区別がつかない。何を意図した英文か全くわからない。推測ができる段階にない。

　また，生徒の反応を同様に分析し，独自の評価基準を作ることができます。なお，指導法や扱った課題に対してどう感じているか，生徒の率直な意見を聞くには，やはり無記名式アンケートが欠かせません。

3. 教員研修で行われたアクション・リサーチ（概要）

ケース1

卒業までに8割以上の生徒が，英検4級のリスニングテストで7割以上の正解を得るにはどうしたらよいか？　　（公立中学校3年）

(1) **事前調査（4～9月）**

　事前アンケートでクラスの4割が「聞くこと」を難しいと答えた。また英検4級のリスニングテスト（過去問題）を実施した結果，7割以上正解した者が半数に満たないので，内容理解，語彙力や定型表現の習得に問題があると思われる。

(2) **仮説の設定**

〈仮説1〉　毎回フォニックス・チャンツを聞けば，無理なく英語の文字と音の関係を理解できるようになるだろう。

〈仮説2〉　チャンツやリズム読みの練習をすれば，速いスピードに慣れるだろう。

〈仮説3〉　内容を理解したテキストのリスニングや音読を繰り返し行えば，わかるという実感をもたせることができるだろう。

〈仮説4〉　ペアで語彙，フレーズ等の定着練習をすれば，生徒1人1人が聞いたり話したりする機会が増え，力をつけるだろう。

(3) **実践と検証（1月）**

　英検4級のテストで7割の生徒が7割以上正解し，全員の成績が上がった。また授業観察では，音と意味を関連づける姿勢が見られ，速いスピードにも慣れてきた。音読やペアの活動で授業が活気づいた。事後アンケートでは，「聞くこと」より「話すこと」が最も難しいスキルととらえており，次のステップに向かっていると思われる。

〈佐野先生のコメント〉

　「聞く力」がスキルの基盤であることを示してくれたリサーチである。また，中3でも目標を3級ではなく4級に設定したことも正解だった。もうすこし長期に実施できれば，話す力にも変化が見られただろう。

> **ケース2**
> 学習意欲を持たせ,自分で表現できる力をつけるために,基本である「聞く力」をどのようにつけていけばよいか? (公立中学校)

(1) **事前調査(4〜7月)**

　NRTの結果から,表現力(特に書く,聞いて話す)が弱いことが判明した。また,定期テストなどから,定着不足,個人格差,低い学習意欲などの問題も見られる。

(2) **仮説の設定1**

〈仮説1〉 リズムトレーニングを行えば,英語のリズムに慣れ,基本表現も覚えられるだろう。

〈仮説2〉 フレーズを意識した音読を指導すれば,英語の語順で聞くことができるようになるだろう。

(3) **中間的検証(3月)**

　定期テストの結果からは,場面に即したフレーズが定着したことがうかがえたが,アンケート調査によると生徒は授業に不安,緊張,孤独を感じている。不必要な緊張をなくし,気楽に英語でコミュニケーションを図ろうとする態度を育てるには,どのようにすればいいのだろうか?

(4) **仮説の設定2**

〈仮説1〉 聞くときにマッピングをすれば,概要をつかむ力が養われ,完璧でなくてはならないという緊張感がなくなるだろう。

〈仮説2〉 教科書の内容を理解した後,スラスラと音読・筆記ができれば,基礎基本を定着させ生徒に自信を持たせられるだろう。

(5) **検証2(9月)**

　事後アンケートから,マッピングが特に効果的だったことがわかった。

〈佐野先生のコメント〉

　リスニング力の検証をT/Fテストで実施すると,結果だけが注目されプロセスが無視されることがある。このARは,リスニング指導でも,生徒の感情や発想を無視しては効果的に進まないことを教えている。

4. アクション・リサーチの実践レポート

> **テーマ**
> TOEICのレベルC以上のリスニング能力を身につけさせるアクション・リサーチ　　　　　　　　　　　　　　　　　（高校3年）

(1) 背景

　今回リサーチの対象としたのは選択科目の英語クラスで，生徒は16名，うち2名は海外帰国生徒だ。多くが「英語のニュースや映画を日本語字幕なしで理解できるようになりたい」と希望して集まったが，最初の授業で映画やニュースを聞かせると「わからない」「速い」と大騒ぎ。大学受験や留学を控えリスニングに興味があるが，苦手意識もある。特にスピードや流暢な発音に慣れていないようだ。

(2) 事前調査
①目標の設定

　生徒が目指す受験・留学ではTOEIC 500～700点以上が求められる。これはTOEIC Proficiency Scale（表1）で考えると，レベルC上位に当たる。TOEICの全国平均は正答率に換算して65.9%である。よってクラス目標を「全員がTOEICリスニングテストのレベルC上位に到達

表1．TOEIC Proficiency Scale（TOEIC運営委員会 2003）

レベル	スコア（正答率）	ガイドライン
A	860（86.9%）	Non-nativeとして十分なコミュニケーションができる。
B	730（73.7%）	どんな状況でも適切なコミュニケーションができる素地を備えている。
C	470（47.5%）	日常生活のニーズを充足し，限定された範囲内で業務上のコミュニケーションができる。
D	220（22.2%）	通常会話で最低限のコミュニケーションができる。
E		コミュニケーションができるまでに至っていない。

すること（正答率60%）」「半数以上が正答率70%を超えること」とした。
②事前テスト結果（4月）
　TOEIC模擬テスト（Lougheed 2003）のリスニングセクションを抜粋して行ったところ，平均正答率は60%を超えたが，3名は60%に達しなかった。70%を超えた者は3名だった（表2参照）。

表2．事前テスト結果

平　均	最　高	最　低	満　点
24.5点（正答率61.3%）	35点	19点	40点

③事前アンケート・回顧データ（4月）
　アンケートでは，昨年までのリスニングの授業について「満足でない」「教材が非現実的」「発音練習に飽きた」という声が聞かれ，より高度な授業が求められていることがわかった。一方，事前テスト直後の回顧データからは「わからない語や表現で止まってしまう」「単語がわかっても全体として何を言いたいのかわからない」という声が聞かれた。
④文献研究
　文献からリスニングの指導にはbottom-upとtop-downのやり方があるということを知り（O'Malley et al. 1995），アンケートから生徒がbottom-up処理に依存していると判断した。top-downとbottom-upのバランスが鍵ではないかと考えた。現実のリスニングを困難にする要素（Brown 2001）についても知識を得た。

(3)　仮説の設定1
〈仮説1〉　top-down approachとして，pre-listening活動や5W1Hをとらえるリスニングに取り組ませれば，難しい聞き取りができるようになるだろう。
〈仮説2〉　bottom-up approachとして，音変化に注意しナチュラルスピードで音読をさせれば，自然な英語に慣れるだろう。
〈仮説3〉　dictationで内容語や音変化の部分を確認させれば，語彙や

音声への意識がより定着するだろう。

〈仮説4〉 オーセンティックな教材に触れる機会を十分に与えれば，自然な英語を聞くことに抵抗がなくなるだろう。

(4) 計画の実践1

5月から7月までの授業を第1段階（計8回）とし，うち6回を次のように行った。週2時間の連続授業（50分×2）である。

①前回の復習（10分）　　　　　　　　　　　　　　←〈仮説3〉

前回聞いた文のキーワードや音変化を部分dictationでテストした。

②概要把握：ニュースを聞こう（20分）　　　　　　←〈仮説1〉

1）写真を見せ，何のニュースかを推測させた。

2）［放送1回目］　1）の推測があっていたか，どんな語が聞こえたかを話し合った。

3）［放送2回目］　"Who did what in which country ?"のみを捉えるように指示。答えはすぐにクラス全体で確認した。

4）キーワードで難しいものを板書し，発音させた。

5）［放送3回目］　より詳細な部分に関する英問英答を行う。英語で質問をしてからポーズを入れながら放送し，ペアで話し合わせた。その後クラス全体で確認した。

③音読：アナウンサーになりきろう（20分）　　　　←〈仮説2〉

1）［シンクロ・リーディング］　②のニュースの原稿を配布。再度放送を聞きながら原稿を目で追い，内容を吟味した。

2）［プロソディ分析］　原稿にストレス，イントネーション，ポーズ，音の連結・弱化・脱落の記号をつけさせた。

3）［音読1］　教員に続いて音読。特に脱落，弱形の部分を指摘した。

4）［音読2］　スクリプトを見ながら，個々に自分のペースで練習。伝えたい部分のイントネーションに気をつけ，しっかり聞き手に伝わるようにと指示した。

5）［overlapping］　放送と同時に模倣して音読し録音。音読テープ

をチェックし，練習を繰り返させた。(提出2回，フィードバック有)

④**タスク：インタビュー，スピーチ，映画を聞く**（50分） ←〈仮説4〉
内容を重視し，社会問題を扱いながら「聞きたい」気持ちを引き出した。重要個所はテープにとって何度も聞き返させた。

⑤　実践経過報告1
〈仮説1〉　→概要把握では，質問を適切に与えればほぼ内容を理解できた。速度を変えずポーズをとって理解する時間を与え，成功。ナチュラルスピードに慣れてきた。
〈仮説2〉　→音読では，模倣によって表情豊かになり音変化部分を意識するようにはなったが，発音の癖は数回フィードバックしただけでは治らず，ひどいときはカタコトのようになってしまった。音と速度を意識しすぎて意味を考えていないようにも思えた。逆に，帰国生徒にはこの作業は平易すぎた。
〈仮説3〉　→dictationはどの生徒もよくできた（平均75%正解）。しかし授業中のやりとりから，キーワードは一時的に記憶しているだけのようだ。音変化部分は誤答が多かった。
〈仮説4〉　→オーセンティックな教材に生徒はみな一生懸命だったが，やはり完璧に理解しようとする。また，生徒のつまずきの原因が何か，指導者側にわかりにくい。

⑥　結果の考察1（7月）
①**中間テスト結果**
　事前テストと同様にTOEIC模擬テストで中間テストを行うと，全員が25点（正答率62.5%）を超え，半数以上が7割以上を得点した（表3，図1参照）。結果だけをみればこれで目標が達成できたことになるが，同じ指導では限界がある。

表3．4月と7月のテスト結果比較

	平　均	最　高	最　低
事前テスト（4月）	24.5点（正答率61.3%）	35点	19点
中間テスト（7月）	30.5点（正答率76.3%）	37点	25点

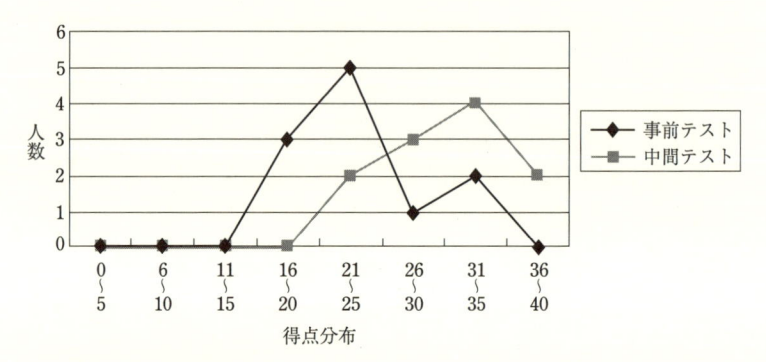

図1．テスト結果の推移（1）

②中間アンケートの結果

「リスニングが好きになった」「去年の授業のテープが遅く感じた」「前より落ち着いて聞けるようになった」と，苦手知識はなくなってきた。また，「集中してポイントを聞き取れるようになった」「わからない単語はあるが，内容がわかる」「単語1つ1つではなく，話の流れから内容を理解するようになった」と，top-down approachの効果が現れはじめた。「集中力を上げたい」「もっと長い文を聞き取りたい」と欲も出てきた。

(7) 仮説の設定2（修正）

〈仮説1'〉　top-down approachとして，加えてsummarization（要約）に取り組ませれば，より集中力が高まりリスニングの力が伸びるだろう。

〈仮説2'〉　bottom-up approachとして，フレーズをつかむために区切り聞き，shadowingを活用すれば，集中力を高め，より長い文を聞け

るようになるだろう。

〈仮説3'〉　dicatationで内容語を含む語句を確認させれば，キーワードが定着するだろう。

〈仮説4'〉　オーセンティックな教材に触れる機会を十分に与えると共に，簡単なノートテイキングを指導すれば，より長い聞き取りができるようになり，生徒の弱点も明らかになるだろう。

　中間テストの結果から，当初の目標がすでに達成されたことがわかったが，テストの難易度等が影響していないことを確認するために，次段階での目標は第1段階と同様とした。

⑻　計画の実践2

　10月から12月までの授業を第2段階（計7回）とし，うち4回を次のように行った。生徒は39名，週2時間の連続授業（50分×2）である。

①前回の復習（10分）　　　　　　　　　　　　←〈仮説3'〉

　前回聞いた英文の中心となる語句を部分dictationでテストした。

②一斉：同時通訳方式で意味をとろう（20分）　　←〈仮説2'〉

　1）[repeating]　フレーズごとに放送を止め，スピーカーに続いて繰り返しながら意味を捉えさせた。速度はゆっくり。

　2）[区切り聞き／shadowing]　フレーズごとに放送を止め，スピーカーの言葉を通訳させた。または，放送を止めずにshadowingをさせた。いずれも原稿を見ない。

③ペアワーク：同時通訳方式で意味をとろう（20分）　←〈仮説1'〉

　1）[要約]　放送中は生徒Aのみメモを取る。放送後，生徒Bが日本語でまとめるのを生徒Aが補助する。→数組が全体に発表

　2）[summarization]　生徒A・生徒Bの役割を交代。生徒Aは英語でまとめた。→数組が全体に発表

※最後に原稿を配布，ナチュラルスピードの放送を聞きながら黙読。

④タスク：インタビュー，スピーチ，映画を聞く（50分）　←〈仮説3'〉

　第1段階同様，内容重視だが，はじめにノートテイキングの方略を簡

潔に指導した。配布プリントの空欄を少しずつ増やし，最後は自分で項目を作らせた。プリントを回収し，リスニングの過程を見た。

⑼　実践経過報告2
〈仮説1'〉　→みな一生懸命行っていた。「フレーズごとの意識」から「フレーズや文同士のつながり」「全体として言いたいこと」へと前進した。帰国生徒たちは日本語での要約に四苦八苦しつつ，英語でのsummarizationでパートナーを助け，手本となってくれた。
〈仮説2'〉　→ほとんど全員が容易にこなした。
〈仮説3'〉　→平均正答率84％（1割増），授業内で単語を応用できるようになり，定着してきたようだ。
〈仮説4'〉　→どの生徒も一語一句にとらわれず，積極的に推測しながらまとめた。効果的な個別指導ができただけでなく，能力差による特徴が明らかになった。今後の指導や評価に役立てたい。

⑽　結果の考察2（12月）
①事後テスト結果
　同様の事後テストを行ったところ，平均正答率は7割を超え，目標に達した。得点は中間テストを上回らなかったが，成績の分布から見ると，力が安定してきたと思われる。表4，図2は通年で履修した11名の結果である。彼らの半数以上が長文問題で7割以上正答できた（前回は約5割）。ある程度まとまった分量の英文を聞けるようになってきた。

表4．4月，7月，12月のテスト結果比較

	平　均	最　高	最　低
事前テスト（4月）	24.4点（正答率61.0％）	35点	19点
中間テスト（7月）	30.5点（正答率76.3％）	37点	25点
事後テスト（12月）	28.7点（正答率71.8％）	37点	22点

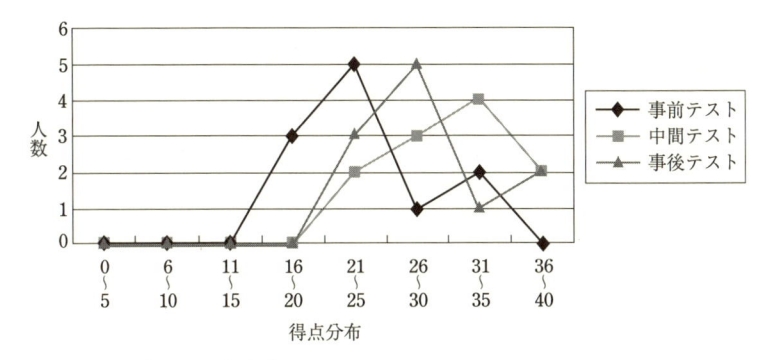

図2．テスト結果の推移（2）

②事後アンケート

最後の授業時に行ったアンケートで，主に次のような感想を生徒から聞くことができた。

- 問題視されているテーマを扱うので考えさせられ，勉強になった。
- 前回よりも長文を聞き取れるようになった。
- もっと集中力をつけたい。
- 最初に比べるとリスニング力が伸びた実感がある。
- リスニング力が伸びた実感は，はっきり言ってない。すぐに力がつくと思わないが，これからも続けたい。

思った以上に生徒に満足感を与えることができたが，同時に，リスニング力を伸ばすには継続が不可欠であることを再確認した。特に，生徒自ら「継続は力なり。これからもリスニングを続けていきます」ということばを発してくれたことは，何にも代えがたい成果だった。週2時間という限られた時間内で，1日中英語に囲まれて生活するのに匹敵する内容を補うことは難しい。しかし，将来自分で学習していくためのきっかけを作ることはできたようだ。

(11) 結論

実際にTOEICを受験した複数の生徒から，得点が伸びたという報告

を受けた。将来的には実際のTOEICの試験で生徒の成長ぶりを測定することが必要だと思われる。指導については，次のようなことがわかった。

①top-down／bottom-upの処理をバランスよく行うことは重要だ。bottom-up処理を単語単位の音素の習得としてだけでなく，音変化や意味まとまりの面から指導することも有効だった。

②音読には「意味より音声に気を取られてしまう」等の落とし穴がある。まず十分意味を理解させ，個々に適したスピードで，音声から意味へと意識を向けることで，より長い英文のリスニングへとつなげることができた。

③オーセンティックな教材を使うことで，生徒にリスニングに対する積極的な姿勢が生まれた。また，ノートテイキングは生徒の聞き取りのプロセスを示しており，個別指導に役立てることができた。

(宇喜多宣穂)

第 3 章　「スピーキング」をテーマにした
アクション・リサーチ

　英語力に関係なく，英語が話せるようになりたいと願っている生徒はたくさんいます。臆することなく，英語で進んで発表できるようにするにはどう指導したらよいのでしょうか。また，外国の人と身の回りの出来事について会話をする力を習得させるにはどうすればよいのでしょうか。

1.　背景知識と指導例

　「英語が話せるようになりたい」と願っている生徒は，教師の予想をはるかに超えます。ある高校では，9割の生徒が「英語は苦手」と回答している一方で，8割が「英語を話せるようになりたい」と答えています。中学校でも同様に，「話す」ことに一番興味を持っている生徒が多いようです。とすれば，たとえ英語力は低くとも，この願いを利用することで，英語で発表し，会話する喜びを感じさせてやりたいと願うのも当然でしょう。ただ，そのためには，いくつかの問題点をクリアしなければなりません。

(1)　英語を話すことは，精神的に負担がかかる。
　リスニングがlanguage egoを脅かすために嫌悪されることがあることは前章で見ました。まして，話すことには，心理的プレッシャーがさらにかかります。このプレッシャーを和らげるには，まず，クラスの雰囲気や教師との関係が良好でなければなりません。友好的で建設的なムード作りが大切です。また，最初のうちは，身近で平易な話題に限り，

生徒が自信をもって話せる活動に限定します。

　心理的なプレッシャーはまた，英語の難易度からも生まれます。リスニングで理解できない単語や文型はスピーキング活動には用いないようにします。スピーキングは，単語の意味を知っているだけでなく，発音ができ，文法も使いこなさなければなりません。ですから，文型練習でも，スピーチでも，まずモデルを十分聞かせ，理解を確認してから取り組ませます。

　また，発表形態もプレッシャーに関係します。スピーチをするにも，まず，1人で練習し，その後，ペアで発表させ，次に4人グループなどで発表させます。その後，グループで1人ずつ決められた場所で，希望して集まった別のグループからの聞き手に発表すれば（その間，グループの他のメンバーはよそのグループの発表を聞きにいきます），クラス全体の前で発表するよりもプレッシャーが減り，また事前の練習が多いので，活発な活動になります。

⑵　**自然に話せるようになるには，時間がかかる。**

　「話す力」を伸ばす最も自然な形は，その言語が話されている社会に住み，インプットをたくさん得て「獲得」することです。ただ，教室内では時間の問題があり，インプットによる「獲得」だけでスピーキング能力を伸ばすことは難しいでしょう。文や文章を暗記させて話す練習をたくさんさせたほうが，自由に会話させる活動だけよりも，スピーキング能力を伸ばすには手っ取り早いこともあるのです。

　ただ，「獲得」ルートも補助手段としては有効です。greetingやwarm-up，そしてteacher talkなどではなるべく英語で生徒に話しかけます。生徒の反応は日本語や一語文でも可とし，不完全な英文に教師が足場を作り，会話に引き入れることによって英語力を伸ばそうとするのです。

　その一方で，会話の決まり文句，たとえば，挨拶，聞き返しの表現，話題を変える表現などは暗記させ，自動的に発話できるように，jazz chantなどを利用して訓練し，会話の定型表現の定着を図ります。

　自然に話せるようになるには時間がかかりますが，生徒と英語でのinteractionを忍耐強く行うことが，話す姿勢を作る上で大切です。

⑶　文型を暗記させ練習しても，自由な対話ではなかなか使えない。

　一方，「学習ルート」では，まず，意識的にターゲットとなる文型を教え，それを用いたドリルやゲーム的な活動で知識の内在化を図ります。このため，mechanical drill, meaningful drill, communicative drillなど，言語形式の理解から次第に意味を重視した練習へとステップアップしていきます。また，いわゆる「コミュニケーション活動」として，ターゲットに焦点化した言語活動がたくさん提案されています。

　ただ，こうした「コミュニケーション活動」は，ゲームの楽しさに気が取られ，言語項目の内在化に結びつかないことも多いのが実情です。「ゲームは楽しんでやっているのに，全然英語力がつかない」という悩みをしばしば聞きます。その反省から，ある文型を学習したら，それを用いて自己表現の文を作らせ，対話させるということがよく行われます。そうすれば，練習がクラスの相互理解を深めることにもなり，言葉の使い方としても自然なので定着が早まるという発想です。open sentence practiceの例を挙げて説明しましょう。

　ターゲットが不定詞の名詞的用法だとすると，

　　I want to ＿＿＿＿＿＿＿＿＿＿＿ this evening.
　　I want to ＿＿＿＿＿＿＿＿＿＿＿ next Sunday.

などのフレームを与え，たとえば，I want to watch a baseball game on TV this evening.　I want to go shopping next Sunday.　などの文を書かせます。次にペアでの対話をさせると，

　　A：I want to watch a baseball game on TV.　How about you？
　　B：I want to go to bed early.

となります。ただ，これだけでは，会話として不自然なので，「プラス1」の文を加え，理由や回答をつけて対話するように指導します。する

と,

> A : I want to watch a baseball game on TV. There'll be a night game between the Giants and the Tigers. How about you?
> B : I don't like baseball. I want to go to bed early this evening. I'm very tired.

といった対話になります。あるいはshadowingを応用させた活動（90ページ）も可能です。

⑷　スピーチにして，まとまりの中での定着を図る。

　上の対話練習は構文の理解を助けますが，いかに「プラス1」の活動を加えても，これで話せるようになるかは疑問です。第1章でも説明したように，個別の文型に焦点化した練習だけでは定着しにくいのです。むしろ，これまで学習した他の文型と結びつけて，短い自己表現のスピーチを書かせて発表させ，それを会話につなげる工夫をすれば，学習中のターゲットが既習の文型と結びつき，かつ，繰り返しの練習で定着する可能性があります。

　具体的に説明しましょう。不定詞の前に未来形を学習したとします。教師が用意するモデルのスピーチ，My future jobは次のようなものになるでしょう。

> I like math. So I want to be a math teacher. I'll go to university and study math. I want to teach math at this school in future.

生徒は，このモデル文をもとに自分の将来の職業について書き，暗記して，ペアやグループで発表します。次に，グループから1人ずつ出て新たなグループを作成し，そこで発表した後で相互に感想を述べ合います。

　あるいは，ペアで次のような質問をして，相手のスピーチのサマリーを書きます。そのサマリーと相手のもとの原稿とを比較すると，意識的な学習の機会となります。

> What do you want to be in future? Why?
> What will you do for that?

1授業時で終わるのではなく，ペアを替えて授業の冒頭の活動として繰り返します。そこでは，聞き返し，確認，あいづちなどのコミュニケーション方略を用いて，会話を持続する方法もステップを踏んで指導します。

⑸　教科書の音読練習とスピーキングを結びつける。

　音読練習は英語の音声に慣れるばかりでなく，文法や単語の復習にもなります。ですから，いろいろな音読練習をさせ，さらにQ and Aを実施することは，スピーキング力を伸ばす上でも効果があります。さらに，キーワードを書き出し，教科書を見ないで内容の概要が再現できるかトライさせます。その場合，文型や語句を正確に再現するよりも，教師の質問に答えることによって概要を再現し，意見や感想も付け加えさせるようにすれば，いっそう効果的です。

　以上，(1)から(5)までは言語学習を目的としたspeaking for language learningの活動です。

⑹　Speaking for Communication には明確なゴールを設定する。

　speaking for language learningは言語学習のためのスピーキング活動ですから，教科書がリードしてくれます。しかし，speaking for communicationの活動には，明確な到達目標の設定が必要です。目標の設定には，指導要領を参考にすべきですが，それは自明なことなのでここでは省略し，Council of Europeが参加国に共通の外国語教育の枠組みの中で，Self-assessment Gridという形で示している，各レベルの熟達度を紹介します（Trim 2002）。生徒がどのような話題について，どの程度の対話やスピーチができればよいかを示しています。また，ここでは「話す能力」を「Spoken Interaction＝会話」と「Spoken Production＝プレゼンテーション」に分けて表記しています。レベル的にはWaystageは中学，Thresholdは高校に相当します。

*Spoken Interaction	
Waystage	I can communicate in simple and routine tasks requiring a simple and direct exchange of information on familiar topics and activities. I can handle very short social exchanges, even though I can't usually understand enough to keep conversation going myself.
Threshold	I can deal with most situations likely to arise whilst traveling in an area where the language is spoken. I can enter unprepared into conversation on topics that are familiar, of personal interest or pertinent to every day life (e.g. family, hobbies, work, travel and current events).

　つまり，中学校レベルでは，家庭や学校や地域などで外国人と接した場合に，情報を交換し社交的なコミュニケーションができればよいのですから，教科書で扱われている題材や言語項目を核にして，ある程度予測できるパターンでの会話を2分程度持続できればよいと考えられます。この程度なら，先に説明したspeaking for language learningの活動で伸ばせるはずです。一方，高校レベルになると，外国旅行でのいろいろな場面での対話や，予測しないで始める会話など，かなり高度です。

　次はSpoken Production（プレゼンテーション）についてはどうでしょう。会話では即興的に話すことが求められるのに対して，これは，前もって用意したスクリプトをもとに話す活動です。

*Spoken Production	
Waystage	I can use a series of phrases and sentences to describe in simple terms my family and other people, living conditions, my educational background and my present or most recent job.

Threshold	I can connect phrases in a simple way in order to describe experiences and events, my dreams, hopes and ambitions. I can briefly give reasons and explanations for opinions and plans. I can narrate a story or relate the plot of a book or film and describe my reactions.

　つまり，中学レベルなら，5～6文で家族や友人，住居，教育，仕事などについて簡単に説明できればよいことになり，これも先に説明したspeaking for language learningで対応可能です。ところが高校レベルになると，経験や出来事，夢や希望や野心を説明するだけでなく，また，その理由を説明できなければならないし，読んだ本や見た映画のあらすじを説明し，感想を述べることも求められています。

　すると，日本の英語教育に置き換えれば，speaking for language learningの段階を押さえながら，その中に，speaking for communicationの要素を組み入れることが必要です。中学レベルであれば，教科書をもとにスピーチ活動を中心に展開し，対話をからめてゆきます。一方，高校レベルでは，中学の基礎の上に「オーラル・コミュニケーション」で，speaking for communicationの活動が要求されるのです。

(7) Speaking for Communication の活動例

　指導要領では，「オーラル・コミュニケーション」で，読むことや書くことの活動と結びつけて，聞く，話す活動を設定するように求めています。これは現実のコミュニケーションでは当然のパターンで，たとえば，新聞の求人広告を読んで（読む），相手先に電話で面接の約束を取りつけ（聞く・話す），志望動機を書き（書く），それを持参してインタビューを受ける（聞く・話す）という流れになるからです。ですから，speaking for communicationは，他のスキルと結びつけることが必要です。話す活動が独立しているわけではありません。ただ，ここではそれを十分承知の上で，話すことに焦点を当てて説明します。

①Communication Games

　speaking for language learningの要素が強いインフォメーション・ギャップのゲームのほかに，状況を設定して行うsimulation gamesがあります。たとえば，「無人島に取り残されるとします。絶対に必要な3つの品物をリストから選び，友達と話しあって決めなさい」とか，「貴重な鳥が住む湖に橋を架ける計画があります。自然保護か交通の便か，資料をもとに議論し結論を出しなさい」などの設定で討論させ，どちらの議論により説得力があるか，聴衆の判断で勝敗を決めるものです。

　あるいは，「友情，お金，家族の中で，最も大切なものは何か，またそれはなぜか」と価値観や好みをアンケートで調査し，グループに分かれて主張を整理し，討論するという活動もできます。

　ただ，こうした競争的なゲームだけでなく，たとえば，クラス全体に"Once upon a time, there lived a young man in a big city."と出だしを与え，グループで1人ずつ文を付け加えてゆき，物語を完成させるなど，協力して行う活動も大切にしなければなりません。

②ロールプレイやスキット

　場面や状況に合った定型表現を習得させるには，ロールプレイがよく用いられます。たとえば，電話，買い物，ホテルなど，慣用的な口語表現を覚えたり，状況に必要な情報を把握する練習として効果的です。ただ，定型表現を暗記すれば終わり，では，面白くありません。定型表現も含みながらも，そこに予期しなかった出来事が起きる設定にします。たとえば，デートの電話をしている最中に，恋人を嫌う父親が登場し，反対したり，条件をつけたりするなどの工夫をします。中学生レベルでも，与えられたせりふを変更してオリジナルな文を加えさせます。

　スキットでは，場面と登場人物を設定し，せりふを想像して作らせます。たとえば，1人に「あなたは化粧品のセールスマンです。どうしても新商品を売り込まないと，会社をやめさせられます」と英語で書いてあるカードを渡し，もう1人には，「あなたは家庭の主婦です。自分の美貌と家事には自信があります。玄関にだれかが来たようです」という

カードを与えます。ペアで少し日本語で流れを相談させたのち，せりふは演技しながら考えるように指示して開始します。終了後，演技を見せあったり，せりふを書き起こして完成度の高いスキットに仕上げます。

③Instant Comment

ためらいなく話したり，すばやい反応力を養うために，写真または，なにかのトピックを与え，生徒に最初に思いついたことを口頭で発表させます。小さな活動なので，継続的に取り入れることが容易です。

また，スピーチやプレゼンテーションを聞いたら，褒め言葉や感想を述べる表現や，また，内容に関する質問の仕方など系統的に指導し，聞くだけで終わらないように工夫することも大切です。

④スピーチやプレゼンテーション

spoken presentationの代表的な活動です。原稿を用意し暗記してから行うpreparedと，少しの準備で発表させるimpromptuがあります。impromptuスピーチに関しては，いくつか用意されたトピックから1つ選んで，1分程度の準備時間の後，即興で話す活動を取り入れる例もあります。また，準備の時間に話すポイントをmappingで書き出させ，それを見ながらスピーチをする方法もあります（92ページ参照）。プレゼンテーションは，絵や品物などを示しながら発表するのが普通です。

こうした発表活動の問題点は，内容が聞き手に伝わらないことがある点です。それを防ぐには，平易な語で話すように求め，また，内容理解のキーとなる語句はカードに書き，話しながら黒板に貼り付けさせたりします。スピーチ原稿の指導では，英文のチェックだけでなく，論点をトピック・センテンスで表す組み立てにも注意を促します。また，発表に先立って，内容，話しぶり，発音，わかりやすさなどの評価の観点を示し，それに注意しながら，練習や発表に取り組むようにします。

⑤ディスカッション

他人の前で話すことには勇気が必要です。また，話す内容を決めるのにとまどうこともあります。ですから，トピックを与えた後，小グループで話し合う時間を設け，助けあいながら英語で表現する方法を探る機

会を確保します。しかし，実際は，かなりコントロールした形でないと，ディスカッションは難しい活動です。というのは，相手の発言を理解した上で，即座に自分の意見を表現しなければならないからです。

⑥ディベート

その点，ディベートの方が，やり方に慣れさえすれば，事前に準備できる部分が多いので，スムーズに展開します。もちろん，ステップを踏んだ指導は必要です。第1段階としては，たとえば，海外修学旅行に賛成か反対かなど身近で単純なトピックを選び，二者択一させ，理由を述べさせます。第2段階では，模擬ディベートとして，ペアで賛成と反対に別れ，それぞれのプラス面・マイナス面をできるだけ多く書き出させます。そして，メモを見ながら話す活動をします。第3段階で，ペアを変えて練習し，模擬ディベートに慣れさせ，「賛成派」と「反対派」に分けて，本来の形で実施します。

2. 検証のしかた

スピーキング力の測定には，fluency（流暢さ），accuracy（正確さ），complexity（複雑さ）を評価の観点とするのが一般的です。事前調査では，生徒に何かしらのスピーキングテストを課して録音し，これらの規準で見てスタート時点での実態を把握します。その結果から，生徒のスピーキング能力のどこを伸ばしたいか，またその到達目標を規準ごとに明確にし，仮説を立てて実践します。事後には事前と同じテストを行い，やはり録音し，事前調査の結果と比較して分析し，成果を検証します。

①**Fluency**：発話をスクリプトに起こしてspeech rate（1分あたりの語数）を測ります。または，発話中に占める沈黙時間の長さの割合を調べる方法も使用します。

②**Accuracy**：発話の中のglobal errorの数を単語，句，文のレベルで数え，記録し，変化を見ます。

③**Complexity**：発話の内容の深まり，広がりをT-unitなどを利用して調べる方法があります。

3. 教員研修で行われたアクション・リサーチ（概要）

ケース1
生徒が身の回りの事柄や興味のあることなどについて，英語で会話できるようにするにはどうすればよいか。　　　（公立高校1年）

(1) 事前調査（4月）

4月の実力テストの平均点が学年で最低で，クラスの47.5％の生徒が英語嫌い。それでいて「英語を話せるようになりたい」という生徒が多い。

(2) 仮説の設定

〈仮説1〉　生徒の発音を改善するため，音読が効果をもたらすだろう。

〈仮説2〉　英文の語順の理解不足が話せない要因。特に，疑問文を中心とした語順指導が，会話の継続に効果をもたらすだろう。

〈仮説3〉　レシテーションをさせれば，英語のリズムに慣れ，英語を話しているという実感をもち，意欲を高められるだろう。

(3) 実践と検証（3月）

音読練習によって，生徒の声が大きくなり，積極性が増した。アンケートでは，58％の生徒が英語を声に出すことに抵抗がないと答え，83％の生徒がスピーキング力が向上したと感じている。また，67％の生徒が，文の構成，語彙に関する英語力に変化があったと答えた。スピーキングにまだ結びついていない部分が感じられるが，全般的な英語力の向上の一助となったと考える。

〈佐野先生のコメント〉

ARの成功は，生徒の秘めた願いと現実の英語力とのギャップをどのように埋めて，リサーチを魅力あるものにできるかという点にかかっている。このリサーチは，本来のスピーキングから見れば一歩後退のレシテーションをゴールにしたものではあるが，生徒の英語力を考えれば適切な選択だったといえる。今後は，レシテーションで養成した発表意欲を，プレゼンテーションやスピーチの方向に伸ばし，最終的には生徒の夢であったスピーキングの能力を伸ばすことを望みたい。

> **ケース2**
> 会話を持続し，英語で応答する力をつけるには，どのように指導すればよいか。　　　　　　　　　　　　　　　　　　（公立中学校3年）

(1) **事前調査（5月）**

CRTの全ての観点で全国得点率を上回っている。授業中は，活動に意欲的だが，とっさの英語での応答や自己表現が苦手である。既習表現を使ったり，言いかえたりすることができない。

(2) **仮説の設定**

〈仮説1〉 毎時間Q&A（新出／既習表現）でペア練習をすれば，会話の基礎力がつくだろう。

〈仮説2〉 「つなぎ言葉」「決まり文句」「あいづち（反応）の表現」を増やすことで，会話の継続ができるだろう。

〈仮説3〉 答えに感想や説明のプラス文を加えたり，相手の答えに対し質問できるようになれば，会話の幅も広がり，会話が継続するだろう。

(3) **実践と検証（12月）**

ペア練習の継続によって，英語を口にすることにほぼ全員の生徒が自信をつけた。つなぎ言葉を平均4～5語使うようになった。以前より，即答できるようになってきた。かなりの生徒がプラスの文を加えて話すようになり，スムーズな会話を長く持続しようとする意識が育ってきた。質問する力はまだ十分ではないが，表現することに意欲的になってきている。

〈佐野先生のコメント〉

もともとかなり優秀なクラスで，モデルを与えたスピーチならば当然多くの生徒が十分できたと予想できる。ただ，impromptuの会話が苦手だったので，会話を持続する方略やつなぎ言葉などを指導し，会話がスムーズに展開できるよう，ペアでの練習を多く行った。予期した結果が得られ，大成功のリサーチだったと言える。事前と事後で，会話をペアで継続できる時間がどのように変化したか知りたいところである。

4. アクション・リサーチの実践レポート［1］

> **テーマ**
> 中学校の週1回の選択授業でのスピーキング能力を伸ばすアクション・リサーチ　　　　　　　　　　　　　　（公立中学校3年）

(1) 問題の確定
①テーマ設定の理由
　週1回の選択授業でスピーキングを中心とした発展的な学習を行うことになった。以前，選択授業を担当した際，指導する側の目標がはっきりせず，生徒の力を充分伸ばすことができなかった反省を生かし，自分の授業を見直していくために，アクション・リサーチ（以下，AR）を始めた。なお，これは前任校での実践であり，選択授業のさまざまなコースの中でこのコースを第1～3希望で選択した生徒が集まってきている。この学年の生徒はこの授業で初めて担当した。

②この授業で目指すスピーキング力
　まず，この授業で目指すスピーキング力を明確にするために，学習指導要領の「言語活動（話すこと）」の指導項目4つを参照した。
　　ア．発音
　　イ．自分の考えや気持ちなどが聞き手に正しく伝わるように話す
　　　（interactionalな力）
　　ウ．聞いたり，読んだりしたことについて，問答したり意見を述べ合う（transactionalな力）
　　エ．つなぎ言葉を用いるなどいろいろ工夫して話が続くように話す
　　　（コミュニケーション・ストラテジー：ここでは，中学生が会話を続けるのに必要な語句や基本表現と考える）
　また，学習指導要領の「言語活動の扱い」に，「実際に言語を使用して互いの気持ちや考えを伝え合うなどのコミュニケーション活動」とあることから，この選択授業における目標を，「クラスメートと少しでも仲良くなるために，身近なある話題について片言でも英語で簡単な話

(おしゃべり)ができるようになること」と設定した。
③タスク・シラバス
　語彙や文法知識を補いながら言語使用の機会を与えること，「言語学習」が中心の必修授業の欠点を現実的なタスクを取り入れた選択授業で補えること，fluency, accuracy, complexityのバランスをとる（ここでは特にfluencyを重視）ことができること，以上3つの理由から，Skehan (1998), Willis (1996) などをもとに，トピックごとに1サイクル（pre-task→during-task→post-taskの3段階）を設定し，授業を進めていくことにした。ARを通して，この授業で目指すinteractional and transactional speaking ability において，生徒の変容を期待できるのかどうかを検証することにした。

④絶対評価の基準作り
　interactional speaking ability と transactional speaking ability，それぞれについて，この授業のために作成した評価表（表1参照）による評価と，数値的な分析を実施した。また，テスト結果を，この評価表に照らし合わせて，fluencyのみと全体の，両方の観点から生徒の伸びを見た。interactional abilityについては，客観的な評価基準としてNational Curriculum (1995) によるレベル判定も実施した。

(2) 事前調査
　生徒の実態を把握するために，以下5項目について事前調査を行った。
①Oral interview test（interactionalな力を測定）
　hobby, school lifeなど身近な内容についての2分間の会話テスト。
②Oral impromptu test（transactionalな力を測定）
　1分30秒で，music, sport, hobby, schoolのトピックから，1つについて話すテスト。
③英語検定試験4級リスニングテスト（リスニング力を測定）
　平均点14/20（70%）→80%くらい正解できるようリスニング力がもう少し必要。

表1．この授業で目指すinteractional speaking abilityの評価表の例

《流暢さ》 会話に必要な内容理解・この授業で重視しているfluencyの配点を高めに設定し，合計24点とした。

I	発話までに時間がかかり，返事につまってしまい，答えられないこともある。filler（つなぎ言葉）の使用は難しい。（2点）
II	発話までに多少時間がかかったり，相手に助けられることも多く，多少会話がスムーズに進まないこともある。（4点）
III	多少発話までに間があるが，それほど会話の流れに支障をきたさないように，Well, how about you?などの簡単なfillerを時々使うことができる。（6点）
IV	ほぼスムーズに発話することができ，表現したい語がわからない時に助けを求めたり，何とか別の表現で工夫しようとする。自分からも質問できる。（8点）

④望月語彙サイズテスト（語彙力を測定）

　平均799語（1,000語レベル）→基本語を習得し，outputに使えるようにする指導が必要。

⑤アンケート

　聞く・話す能力を身につけたいと希望している生徒は約半数で，コース振り分けの限界もあり，集まった生徒全員が必ずしもスピーキングを中心とした授業を希望しておらず，英語力全体を伸ばしたいと考えている生徒が約半数見られた。英語で話そうとするとどう表現してよいかわからずとまどうこともあるが，それでも相手に通じると楽しいと感じている生徒と，なかなか相手に通じないためにつまらないと感じている生徒がおり，生徒間の差が大きいようだ。

　そこで，以下のようにリサーチ・クエスチョンを設定した。

> 　タスクシラバスを通して，この授業で目指す interactional and transactional speaking ability を伸ばすことができるか。

(3) 仮説の設定

以上の事前調査の結果から、2つの仮説を設定した。

〈仮説1〉 特定のトピックを中心としたタスクサイクル・シラバスを用いれば、授業終了時には、それぞれの生徒がinteractional abilityについて、評価表のランクを1つ上げることができるだろう。

文献研究から、活動前にplanningの時間をとってmappingさせることで、話している間のメッセージへの負担を減らすこと、また、少しでもlanguage codeに注目させることが流暢さを伸ばすのに役立つことなどがわかった。そこで仮説2を次のように設定した。

〈仮説2〉 ある話題について話す前に、これから自分が話そうとしていることを事前にmappingしておけば、授業終了時には、それぞれの生徒がtransactional abilityについて、評価表のランクを1つ上げることができるだろう。

(4) 計画の実践

この授業は、授業時数の関係で3つの期間に分け、ARは、Stage 1（4～7月：8時間）、Stage 2（9～11月：7時間）において実施した。この授業で扱うトピックは、アンケート調査で希望の多かったmusic (hobby)、vacation、school life、movieなどにした。

(5) 結果の検証

①インタビューテスト

interactional abilityを図るために、インタビューテストを4月・7月・11月の計3回実施した。授業で扱ったトピックについて、JET、ALTによる2分間のインタビューテスト形式で行った。その結果をまとめたものが、表2、表3である。（4月分は全員実施することができなかったため、ここには載せていない。）

表2．独自に作成した評価表による評価（数値はpoint：表3も同じく）

分析項目	7月平均値	11月平均値
流暢さ	3.8	4.7*
全体（理解，流暢さ，正確さ，複雑さ）	12.9	14.2*

*p＜.05（表3も同じく）

表3．数値的な分析結果

	分析項目	7月平均値	11月平均値
流暢さ	反応するまでの時（秒）	1.7	1.4
	繰り返しなどを除いた発話語数	33.4	33.4
	8秒以上の沈黙（回数）	0.86	0.42
複雑さ	T-unit内語数	2.4	2.6
	global errorのない節の数	13.2	12.0*
	global errorのない節の割合（％）	94.8	93.4

　評価表やNational Curriculumによる評価をみると，流暢さと全体が，少しずつ共に伸びてきている。また，数値的な分析結果を見ると，反応するまでの時間や沈黙の時間が少し減り，以前よりも少し速く内容を理解して発話している様子が伺える。T-unit内の語数が増え，global errorのない節の数や割合が減っており，間違っているかもしれないが，難しい内容を表現しようとする意欲が感じられる。生徒の発話を聞くと，slow learnerについては，ほとんど単語レベルの受け答えであり，応答するまでに時間がかかることもあるが，相手の発話内容はほとんど理解しているようである。また，middle-levelの生徒は，local errorが見られるものの，以前よりも自然な感じで会話を続けることができるようになっている。upper-levelの生徒は，自分から質問したり，時には自分から話題を提供し，会話を進めている。

②インプロンプト・スピーチテスト

　与えられたトピック（hobby, music, sport, school life, weekend, summer vacationなど）の中から1つか2つを選び，事中テスト（7

月）と事後テスト（11月）の時には，直前に準備したmappingをもとに1分30秒話すように指示した。その結果を表4，表5に示した。

表4．独自に作成した評価表による評価（数値はpoint：表5も同じく）

分析項目	4月平均値	7月平均値	11月平均値
流暢さ	2.9	4.0	4.6**
全体（流暢さ，複雑さ，正確さ）	6.5	8.6	9.5**

*p＜.05，**p＜.01：統計的に有意差があると認められた。（表5も同じく）

表5．数値的な分析

	分析項目	4月平均値	7月平均値	11月平均値
流暢さ	繰り返しなどを除いた発話語数	20.0	34.9	39.5**
	総発話時間	0"18'7	0"39'5	0"37'9**
	speech rate（words/minute）	17.9	27.7	31.1**
複雑さ	T-unitの句の数	1.07	1.10	1.12*
	T-unit内語数	4.5	5.3	6.8
正確さ	global errorのない節の数	3.4	5.9	5.8**
	global errorのない節の割合%	75.2	86.8	80.9*

以上の結果から，流暢さ，全体共に伸びてきていることがわかる。また，数値的な分析も，全般的に伸びてきており，統計的にも有意差が見られた。しかし生徒間の能力差が大きく，まだslow learnerの中には同じレベルにとどまっている生徒もいる。slow learnerについては，話す内容やそれをどう表現しようか悩んでいる様子が伺われたが，mappingの利用によって，少しずつ発話量が増えてきている。middle-levelの生徒については，自分が知っている簡単な英語で何とか発話しようとする姿勢が伺われ，沈黙の時間が減ってきた。また，upper-levelの生徒は，以前よりmappingをしっかり行い，より流暢にまとまった内容を話すようになってきている。

教師側も最初は，シラバスを終えるためにあせっていたが，slow

learnerに気を配ったり，シラバスを少し変更していく中で，クラスの雰囲気も以前よりリラックスし，生徒もより活発に話すようになってきた。Stage 2 を終えた段階の結論として，〈仮説1〉については厳密に言うことはできないが，〈仮説1〉，〈仮説2〉両方とも，fluencyと全体の数値がともに伸びてきており，この授業で目指すspeaking能力の向上に，タスクサイクル・シラバスの成果が見られたようだ。

(6) 最後に

ARを経験してよかったのは，教員として当たり前のことであるが，授業で何をどんな指導法で教えるのか，現在，生徒がどんな問題点を抱えているのか，目標をどのように設定し，評価していくのか，などが，より明確になったことと，振り返りの大切さを再認識したことである。この経験をこれからの日々の授業に少しでも生かしていきたい。

(野村志保)

5. アクション・リサーチの実践レポート［2］

> **テーマ**
> 英語の学習意欲が高い生徒のスピーキング能力を伸ばすアクション・リサーチ　　　　　　　　　　　　　（高校国際教養科）

(1) 背景

　私が初めて試みたアクション・リサーチ（以下，AR）の対象クラスは，私が3年間をとおして英語を担当した県立高等学校（いわゆる「進学校」ではない）の国際教養科のクラスで，英語の学習意欲が高く，特に英語を話すことに強いmotivationがあるクラスであった。1年次の1学期を振り返って，この英語を話したいという生徒の意欲を授業で十分に活かしていないという反省から，リサーチはスタートした。そして，毎時間授業の始めに，shadowingとsummarizingを組み合わせたペアで英語を話す活動を継続的に取り入れた。

　この活動の単純化した具体例を示すと次のようになる。

生徒A：I went to Tokyo last Sunday.
生徒B：(驚いたように反応して) Oh, you went to Tokyo last Sunday?
生徒A：Yes, I did. I bought a sweater.
生徒B：(驚いた反応) Oh, you bought a sweater?
生徒A：Yes, I did. And I gave it to my brother for his birthday present.
生徒B：Oh, I see. Let me summarize. You went to Tokyo last Sunday, you bought a sweater and gave it to your brother for his birthday present. It's very nice of you.

　その結果，生徒は身近な話題について話すことに慣れ，インタラクションの姿勢も育ったように思えた。しかし，生徒にどのようなスピーキング能力をつけさせたいのかという目標が明確でなかったため，伸びを検証することはできず，個々の生徒に達成感を与えることもできなかっ

た。この反省をもとに，次年度から到達目標を明確に設定し，また同じクラスでARを継続することにした。

⑵ 事前調査と到達目標の設定

　第2段階のAR（2年次）では，到達目標を明確に設定するために，まず，スピーキング能力について，およびその測定方法を中心に文献調査を実施した。その結果，ACTFL Guidelineなどいくつかのスピーキング能力の尺度があるが，日本人高校生の場合，英国のNational Curriculum（1995）が参考になることがわかった。National Curriculumでは，各スキルを測る尺度が用意されており，それを参考にすれば能力の測定ばかりでなく，授業の目標が明確に設定できるからである。

　次に，生徒の実態を把握するために，スピーキングテストとアンケート調査を実施した（7月）。スピーキングテストは，ALTの協力を得て実施し，National Curriculumに基づき，結果をALTと共同で判定した。その結果，到達度レベル（表1参照）はLevel 5に全員達していると判断された。そこで，2年次では主にLevel 6の達成を目指し，可能ならばLevel 7を目標とすることにした。

表1．National Curriculumの到達度レベル（スピーキング能力）

■Level 5：Pupils take part in short conversations, seeking and conveying information and opinions in simple terms. They refer to recent experience and future plans, as well as everyday activities and interests. Although there may be some mistakes, pupils make themselves understood with little or no difficulty.
■Level 6：Pupils initiate and develop conversations that include past, present and future actions and events. They are beginning to improvise and paraphrase. They use the target language to meet most of their routine needs for information and explanation. Although they may be hesitant at times, pupils make themselves understood with little or no difficulty.

> ■Level 7：Pupils give and justify opinions when discussing matters of personal or topical interest. They adapt language to deal with some unprepared situations. They speak with good pronunciation and intonation. Their accuracy is such that they are readily understood.

　アンケートからは，生徒は語彙力が不足，話題の発展のさせ方が分からない，意見が言えない，などの問題を意識していることがわかった。そこで，以下のようにリサーチ・クエスチョンを設定した。

> 　ある程度，内容のある会話を，自分自身が会話のイニシアティブを取りながら発展させていくことができるスピーキング力を身につけるには，どのように指導すればよいか。

(3) 仮説の設定
〈仮説1〉　ある話題についての発表語彙を増やすための指導を行った後，スピーキング指導を行えば，流暢さが伸びるだろう。
〈仮説2〉　ある話題について話す前に，その話題についてmappingを行えば，会話を継続させ，発展させることができるだろう。
〈仮説3〉　discussionやdebateのためのストラテジーを身につければ，内容のある会話を発展させることができるだろう。

(4) 計画の実践
　実践は「英語理解」（週5時間，英語Ⅱの教科書を使用）と週1時間のALTとのteam-teaching（以下TT）で行った。〈仮説1〉の語彙指導は「英語理解」の中でも重点的に行った。そして，ALTとのTTで，あらかじめある話題について話す項目をメモ書きしたmappingを使用して話す練習をした（〈仮説2〉の実践）。それと平行して，mappingを使ってペアで話すときにdiscussionやdebateのストラテジーを使って，話を発展させ，継続する練習を付随的に実施した（〈仮説3〉の実践）。

⑤ 結果の検証

2学期末と学年末に，mapping（図1参照）を使ってALTとのスピーキングテストを行った。その結果，2月には約9割の生徒がLevel 6に到達し，約半数はLevel 7へと近づいていると判断された（95ページの表2を参照）。また，スピーキングテストのたびに行ったアンケートでは，スピーキング能力の自己評価，自己課題，活動の評価などを書いてもらったが，特に役立ったのが，自己課題（自由記述式）であった。生徒は実によく自分のスピーキング力を分析していて，1人1人がどんな問題を抱えているかがよくわかり，それらを以後の指導計画の参考にした。たとえば，2年次末のアンケートで，生徒は，「語彙が足りない（語彙を増やす，単語力）」，「言いたいことが言葉で出てこないので，単語や連語を覚える」，「準備しているものは言えるけど，すぐには言葉が出てこない」，「いろんな意見が考えられるようになりたい」などの課題をあげていた。

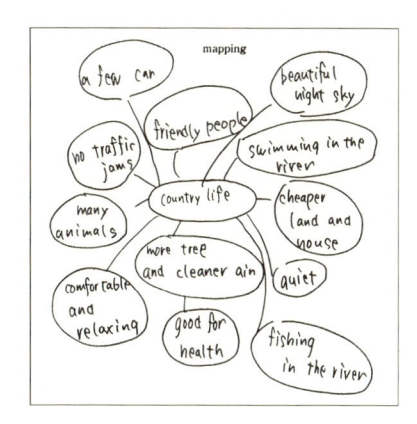

図1．スピーキングテストで使用したmappingの例

2年次末には，mappingを見ながら話を発展，継続させ，パートナーの反論に即興で反応できるようになってきていたが，論理的に説得力のある話をしたり，即興で話したり反応したりすることには課題が残った。また，「流暢さ」につながる語彙指導も十分ではなかった。

⑥ アクション・リサーチ継続

そこで，さらにリサーチを続けることとし，新たなリサーチ・クエスチョンを次のように設定した。

さまざまな話題について，自分の意見を論理的に流暢に述べるこ

とができるようになるには，どのように指導すればよいか。

①仮説の設定

　語彙力の実態把握のため，3年次はじめに，Nation (1990) のVocabulary Levels Test (2,000語，3,000語レベル) を実施した。その結果，2,000語レベルの語彙指導が必要な生徒がかなりいることが判明した。さらに，流暢さ，即興性，論理性をもっと養う必要があるので，〈仮説1〉（語彙指導）と〈仮説2〉(mapping) は継続し，以下の〈仮説3〉を新たに設定した。

〈仮説3〉　即興で意見を述べたり，相手に反応したりする練習を積み重ねれば，スピーキング力をアップさせることができるだろう。

②計画の実践

　〈仮説1〉については「英語理解」（週6時間，リーディングの教科書使用）の中でCollocation Bingoなども利用して語彙指導を行った。またALTとのTTに〈仮説2〉と〈仮説3〉を毎時間組み入れて実践を行った。〈仮説2〉のmappingに関して，類似の練習を半年以上も続けていたので，生徒から疑問の声が上がったことがあった。これを機会に再度，Level 7に到達するには，自分の意見を論理的に述べる練習が必要なことを説明した。これで生徒と目標を共有でき，活動も一層スムーズになった。

③結果の検証

　1学期末と2学期末，ALTによるスピーキングテストとアンケート調査を行った。最後のスピーキングテストでは，約3/4の生徒がLevel 7に到達していると判断された。2年次から3年次にかけての人数の変化は表2の通りである。（ALTの判断で5^+, 6^+, 6^{++}, 7^+のレベルを加えている。）

(7)　長期的視野に立ったアクション・リサーチの成果

　到達目標を定めて，長期的にARを継続したことにより，生徒のスピ

表2．スピーキングレベルの変化（2年次〜3年次）

	Level 5	Level 5⁺	Level 6	Level 6⁺	Level 6⁺⁺	Level 7	Level 7⁺
2年7月	9	14	16	0	0	0	0
2年2月	0	3	16	10	10	0	0
3年7月	0	0	2	7	6	23	1
3年12月	0	0	0	5	4	16	14

ーキング能力は確実に伸びた。そして，一番の大きな収穫は，ディベートの基礎力が身につき，県ではじめての高校生のディベート大会で，参加した2チームが決勝進出し，優勝・準優勝を果たしたことである。出場した生徒は，「決勝行けた時は涙が出るほど（イヤ，泣いたけど…）うれしかった…本当に大切ないい思い出になった」（ホーム日誌より），「ディベート楽しかったね！あの日はあたしの誇りで」（卒業文集より）と綴っていた。また，ある生徒は，自分の英語の上達について，「私は，自分が外国人と1対1で，英語でしゃべりゆうところなんか想像できんかったもん，ここ来るまでは。やのに今は，トムとのspeakingのテストで，どうにか相手を説得しようと，しかも英語で話しているなんてね。もービックリ。でもウレシイ」（ホーム日誌より）と述べていた。このような生徒の喜びにあふれた言葉が，このリサーチの成果を表している。私自身も，このリサーチを通して，英語教員として成長できただけでなく，生徒との信頼関係という大きな財産を得ることができた。

＊

ここで紹介したARは，『STEP英語情報』（2002年5・6月号）（野村 2002a）で報告したものに基づいている。紙面の都合上，スピーキングテストや実践などについて詳しく述べることができなかったが，さらに詳細を知りたい方は，『英語教育』（2002年4月号）（野村 2002b）を参照するか，著者（e-mail：mnomura311@yahoo.co.jp）に直接問い合わせていただければと思う。

（野村真理子）

第4章 「リーディング」をテーマにしたアクション・リサーチ

聞くこと，話すことには積極的なのに，リーディングやライティングは苦手というクラスで，入試を控えての指導はどうしたらよいのでしょう。また，センター試験を目指す高校1年の指導や，語彙力不足の生徒へのリーディング指導についても考えます。

1. 背景知識と指導例

日本人はスピーキングやリスニングが苦手であると同様に，TOEFLのテスト結果によると，リーディング力もまた弱いことが知られています（竹蓋 1982）。では，生徒はリーディングのどこにつまずくのでしょうか。

(1) 単語が読めない。

聞けば意味がわかる単語でも，文字になると音声化できずに意味がとれない生徒がいます。特に，入門期で音声重視の指導を受けると，文字に接したとたんに複雑さに嫌気がさして，英語嫌いになる子もいます。

音声重視が悪いのではありません。問題は，文字が学習者にとって大きな負担になるという認識が教師にないことです。日本語でも文字の音声化には手助けが必要ですが，スペリングと発音の関係がもっと複雑な英語は音声化が大変なのです。自信がないのに音読を求められると，生徒はカナをふります。教科書にカナが書かれていたら，責任は教師にあるのです。

カナの禁止を薦めているのではありません。カナしか頼るものがない

生徒から，それを奪うのは酷です。発音指導にもっと時間をかけ，自信を与えてやれば，カナは自然に消えるのです。ただ，個人差があり，長い期間助けを必要とする生徒もいます。

この対策としてフォニックスを教え，スペリングと発音を結びつける実践が成果を上げています。ただ，学習する事柄が多くなると，定着しない可能性もあります。教えるルールは応用範囲の広いものに限定し，聞いてわかる語を例に用いたほうがよいでしょう。ただ，スペリングと発音との関係は，常に指導していくことが大切です。音声化できない単語は，意味の定着も悪いことが知られています（Rodgers 1969）。

⑵　単語を知らない。

リスニングの節でも指摘しましたが，理解に関わる活動では語彙力が文法以上に重要です。知らない単語や意味が十分理解できない単語が全体の5％あると，身近な話題についてでも，読解があやうくなると言われています（羽鳥 1979）。ですから，語彙指導はとても重要です。その際，入門期の生徒には日本語との対応より，実物や絵なども利用すると，音と意味の結びつきが直接的になり，応用のきく語彙力になります。

語彙の知識には，当該の意味ばかりでなく，語源や類義語や反意語，派生語などの知識，品詞やコロケーションや文化的な意味合いまでも含みます。例えば，'A cooked B.' という表現でAとBに入る語は，動詞cookによって制限されます。つまり，Aにはcookという動作をする「人」が，Bには通常，「火を使って調理する食材」が入ります。このように，語彙指導では意味と用法を理解させていく必要があります。

また，フレーズ（意味のまとまり）の意味を理解させた上での音読指導も効果があります。ある単語の意味は，一緒に使用される語句により決定づけられます。例えば，openという単語が動詞なのか形容詞なのかは，使用されているフレーズやセンテンスの中で決まるからです。

(3) 文法の知識がない。

　ここでの文法知識とは，意味理解に直接関わる語順，修飾関係，時制などの働きを瞬時にとらえる知識です。具体的には，意味のまとまりで区切り，イントネーションで修飾関係などを示すことができる能力です。逆に言えば，区切りやイントネーションを意識させることで，文中での役割，すなわち，主語，動詞，目的語，修飾節などを意識させ，音読練習によって確認していくことができます。

　文中での役割を意識させるために，役割に応じて語句にラインマーカーで色をつけさせる工夫もあります。また，それぞれの文を疑問文に直させたり，Who/What does what? When? How?などの質問を用いてinteractionをする指導方法もあります。質問はテキストに出てきている順にしていく場合と，生徒が答えやすいところからしていく場合があります。どちらも，最後には文構造の質問をして，内容理解を確実なものにします。例えば，次の英文を見てみましょう。

　　A college professor in Japan told me that the most frequent complaint of Japanese students who took part in his college's home-stay program in America, was that their American host family was cold. (Sakamoto 2004)

という，やや複雑な文の場合は，まず文を音読し，次に，

　T：Who took part in the home-stay program in America?
　S：Japanese students.
　T：Right. Japanese students did. What did they often complain? What did they say?
　S：American host family was cold.
　T：That's right.　They often complained that their American host family was cold. That was their most frequent complaint. Who told Nancy about it?
　S：A college professor in Japan.
　T：That's right.　A college professor in Japan told Nancy about

it. Now, who told Nancy what?...
といった内容理解の後に，さらに文の主語，目的語などを質問して，構造の理解も助けます。こうすると，聞く力や話す力もあわせて伸びます。

　また，フレーズの意味と英語の統語構造（SVO language）を意識させた音読指導と，内容理解を目的とするinteractionを組み合わせることで，理解を促すことができます。例えば，英文にフレーズごとにスラッシュやカッコを入れさせてから，ラインマーカーで主部（S）と動詞（V）を色分けさせ，その後で音読指導をします。続いて行われるinteractionの中では，文レベルの指導として，名詞と代名詞との対応，代動詞の理解，省略されている語句の理解を確認します。語彙レベルの指導では，別の英単語や英語表現を言わせたり，平易な英語で説明させたり，具体的な例を言わせるなどの活動が考えられます。

(4) 一文の理解はできても，全体の意味が理解できない。

　部分に注意を集中しなければならないと，全体の意味が見えにくくなります。ちょうど，映像のコマの動きが遅いと，前のイメージが残らないので，全体が伝わらないのと同じです。英文和訳に頼ると日本語に直すことに注意が集中し，全体の理解ができないことがよくあります。かといって，日本語訳がないと不安がる生徒もいます。

　この場合は，訳を与えて理解を確かにすると同時に，意味を表現した音読練習を繰り返し行い，英語だけで文章の意味が取れるまで行わせます。ワークシートでは，論理的な展開を把握していく上で必要な代名詞や指示代名詞，接続詞などを指摘させ，文と文との関係性を視覚情報としてとらえさせます。また，トピック・センテンスやキーワードなどを確認し，mappingで英文全体の内容をとらえていきます。さらに，音読練習やQ&Aで，視覚と聴覚から同時に刺激を与えて理解を促します。

　音読には，read and look up, overlapping, shadowingなどがあります。read and look upは，一定の長さのまとまりある文を黙読したら，次にテキストから目を離してその箇所を声に出して繰り返す練習です。

overlappingは、モデル・リーディングの音声を聞きながら、テキストを見て音をかぶせて読んでいく練習です。shadowingは、モデル・リーディングの音声を聞いた後、テキストを見ないで追いかけるように読んでいく練習です。はじめは英文を見ながら練習し、その後見ないで練習をしていけば、スピーキング能力の強化にもつながる活動となります。

　読み方としては、個人が代表して読む個人読み（individual reading)、クラス全体で読む一斉読み（chorus reading)、グループごとに順番に読んでいくグループ読み（group reading)、そして個々の生徒が自由に読んでいく自由読み（buzz reading/free reading）があります。いろいろな読み方を授業に加えていくことで、音読練習が活性化されます。例えば、声が出ていないクラスでは全員を起立させ、前・左・後・右と4方向を向いて4回音読練習させます。また、読み手だけが本を開き、他は聞き手となって理解できないところを'Pardon?'と聞き返し、理解できたときは'Hum-hum'とあいづちを打つ練習や、互いに向き合ってeye-contactや表情、ジェスチャーなども使いながら読んだり、背中合わせで暗記したせりふを言う練習もあります。

⑤　予測を立てて読むことができない。

　日本語で読むときには、何を読むか（新聞か、手紙か）、どんな話題かなどの予備知識を無意識のうちに用います。ところが、英語では、言語的な側面に注意が行き過ぎ、予備知識を使用することを忘れがちです。それを意図的に引き出す工夫を「スキーマの活性化」と呼びます。読む前に、教師が予備知識を引き出したり、与えたりすることによって、単語から文、文からパラグラフという積み上げ（bottom-up）方式の読み方から、予測をたてて読む（top-down）方式に変えることを目指します。

　ただ、top-down方式は、bottom-up方式の読み方がかなりできなければ、当たりはずれの多い読み方になります。母語話者の読みは、理解できた手がかりをもとに書かれている意味を推量するguessing gameだ

と言われますが，彼らは必要に応じて細かな文法的な側面にも目を向けているのです（高梨・卯城 2000）。ですから，読みの指導では，この両方を生徒の発達段階に合わせて使い分けることが大切です。

(6) 読む目的を意識していない。

　リーディングは受け身の活動ではなく，reading and respondingです。つまり，どんな活動が読後に要求されるのかによって，読む方法が異なるのです。概略をざっととらえるならskimmingで，必要な情報を見つけ出すならscanning，また書き手の隠された意図を読み取るなら微妙な語彙や文体に注意して読みます。結局は読後の活動にふさわしい読み方をすることが必要なのですから，pre-readingの指導で，post-readingで求められる活動を意識させます。教科書には理解度チェックの活動しかない場合でも，感想や要約文をまとめて発表させたり，物語のその後を話し合って創作したり，登場人物や作者に向けてファンレターを書くなど，他のスキルと結びついた活動に発展させます。

(7) 未知語への対応策を知らない。

　知らない単語に出会った時の対応策としては，語形式から考える方法と，全体から部分を推察する方法があります。例えば，

　　Japanese tend to react to a tense situation by becoming apologetic and formal: Americans, by joking with each other.

という文で考えると，reactはre＋actで「反応する」，tenseはテンションという日本語化した英語から，formalはformから，それぞれの意味を推察することができます。一方，apologeticは，前後関係から，全体としては日本人とアメリカ人の緊張した場面での対応の違いを述べていることがわかるので，joking with each otherとは反対の意味だと推察できます。すると，緊張した場面では日本人は冗談を言うどころか，「あやまる」というような意味だろうか，と推論することができます。

　ですから，「知らない単語が二度出てきたら辞書をひきなさい。一度

目の場合は推察してみよう。」という指導も，ある段階からは必要でしょう。

(8) 速く読めない。
「英文和訳」方式の指導の欠点の1つは，生徒が英文を速く読むことができず，入試など限られた時間内で長文を読むことができないことです。ある段階からは，英文を速く読むことに焦点をあてた活動が必要です。この場合の使用教材は生徒の語彙レベルを把握した上で，辞書を使わずに未知語の推測が適切に行われる程度の平易な英文を選択します。難しい語や表現がある場合は，前もってその日本語訳を与えます。授業の10〜15分を使って，ある決まった語数の英文を読ませて時間を測り，1分間に読める語数を記録させます。時間は秒単位で測るため，黒板に前もって5秒ごとに数字を書いておいて順番に消していく方法や，書き出していく方法があります。英文を読んだ速度がwpm（word per minute）という単位で数値として出てくるので，学習者が自らの読解力を知る1つの指針となります。（算出方法は105ページを参照。）

速読をする際には，談話の構造に注意させます。文と文の関係やパラグラフの構成を理解すると速く読めます。そのためにも，談話を円滑に運ぶ情報を提供する語句（例えば，of course, because, I meanなど）に注意して論理の流れを構造図にまとめさせたり，連結詞に注意して文と文の関係を明確にさせたり，接続詞や副詞などを必要に応じて補うことで，テキスト全体を1つのまとまりとしてとらえさせます。

(9) 通常のリーディングの授業の進め方がわからない。
①pre-readingでの活動
まず，導入ではtop-down方式のinteractionを行います。タイトルや挿絵から，読む目的を想定させたり，内容をQ&Aで予測させたりします。あるいは，Semantic mapping（高梨・卯城 2000）の手法では，テキストの新出語や中心的な語を教師がいくつか提示します。生徒はそこ

から関連した単語を拾い出し，カテゴリー別の表にまとめたり，線でつないだ構造図を書いたりします。この活動によって，話題に関する一般的な知識（内容スキーマ）と，語彙・文・パラグラフ・テキスト構成にいたるまでの言語的な知識（形式スキーマ）の両方が活性化されます。

また，bottom-up方式による解説も必要です。理解に重要で，文脈から意味を推測することが困難な語や文化情報は，内容を予測する活動で提示すると共に，辞書等を利用して事前指導をします。

②in-readingでのskimmingとscanning指導

「全体から部分への」top-down方式では，まずskimmingによって，概要・要点をとらえさせます。いくつかのタイトルから，テキストの内容と合うものを選ばせたり，パラグラフごとのトピックやメインアイディアを示す語句を選ばせたりする活動です。このように全体の文脈の中で，語や文構造などの概略を理解させます。

また，scanningでは自分の求めている情報をすばやくとらえる練習をします。本文中の特定の項目（ある出来事が生じた日時，登場人物，場所の名など）の一覧表や図表を作成するなど，文字情報を他の形式に転移させることで，テキストの内容理解が確認できます。

③post-readingの指導

読後の活動としては，読み取った情報を整理してディスカッションしたり，感想を述べ合ったりすることなどがあります。もちろん，理解確認の質問に答えたり，サマリーを書くことも読後の活動ですが，reading for communicationの視点からすれば，例えば，読み取った内容について，友達と意見や感想を述べ合うなどのより現実的な読後の活動を工夫したいものです。

(10) 教科書のレベルが生徒の能力よりはるかに高い。

テキストのレベルが，適切かどうかは重要な問題です。教科書が難しくて，未知語が1行に1語以上あると，辞書なしで「予測読み」することは不可能です。解決策として，教師が生徒のレベルに合わせて英文を

書き直す方法があります。また，生徒に和訳を渡して日本語訳をする時間を省略し，その分余裕が出た時間を使って，文法や語彙指導・音読指導などの活動をする「和訳先渡し方式」(金谷 2002)があります。浮いた時間で，様々な言語活動を通してテキストを繰り返し学習していくことが可能となり，英語に接する時間が増えます。和訳を渡すことへの是非や，和訳を渡す時期については，指導目的や内容・指導状況に応じて選択していきます。和訳先渡し方式については，本章末の実践レポート[2]で紹介しているので参照して下さい。

(11) 指導は長期的な展望で

生徒の実態を正しくとらえて，長期的な展望のもとで指導計画を立てます。特に，高校でならば，「1年生では2,000語程度の使える語彙を身につけさせ，中学の既習文法事項は完全にマスターさせる，2年生では語彙を3,000語に増やし，文法項目はひととおりカバーする，3年生では語彙4,000語を目指すと同時に，速読の練習をし，入試対策をする」というような指導方針を立てます。また，「1年生ではリスニングとスピーキング，2年生では読んだことに対する英語での応答，3年生では読みのストラテジーとスピードを重視する」という指導目標が英語科全体で共有できれば，「入試対策」としても難解な英文和訳に1年生から取り組ませるより効率がよく，かつ，他のスキルと結合させることもできます。

2. 検証のしかた

(1) 読むスピードを測る。

読解速度と英文読解力には相関関係が見られるため，読解速度から読解力を推測できます。wpmとは，1分間に何語の単語を読むことができるのかを表す単位で，英文を読んだ所要時間を測り，読んだ英文の総語数を読解に費やした時間で割ります。日本人学習者がまず克服すべき目標値は，100〜150wpmであるとされています(垣田 1998)。

> wpm＝総語数÷所要時間（秒）×60（秒）

また，これに英文理解度という変数を入れて実質的な読みの速度を測る方法もあります。英文を読んだ後に，内容理解テストを行い，その正答率をwpmにかけたものです。

> 実質的速度＝wpm×正答率（正答数/問題数）

(2)　語彙力を測る。

　語彙サイズ測定テスト（望月 2003）などを使って，1,000語から7,000語の語彙サイズが推定できます。指導の前後で実施し，その値を比較すると，語彙力の伸びが測れます。また，語彙力と読解力の相関関係は高いので，読解力を推測する方法ともなります（Schmitt 2000）。

(3)　全体的な読解力を測る。

　習熟度テスト（proficiency test）としては，英検やセンター試験などのリーディング問題を利用することで，読解力を知ることができます。
　一方，定期試験などの到達度テスト（achievement test）では，生徒のリーディングのどのような能力を測るかを考慮して作成していくことが望まれます。高梨・卯城（2000）によると，学習した英文そのものではなく，要約文や書き直した英文，または同じ題材で授業では扱っていない英文を使用することで，暗記に依らずに内容理解を測定・評価できるとしています。英文和訳問題については，英文の読解力に加えて日本語の表現能力が要求されることから，リーディング能力の評価方法としてはあまり適切ではないようです。その他の内容理解の確認方法として，次のような問題形式（タスク）があります。
①内容真偽問題（T-Fテスト）：作成上の注意として，単なる「事実の読み取り」よりも「推測」や「概要把握」「応用」が要求されます。
②空所補充問題：作成者が何らかの意図を持って，空所を設定できます。

③クローズテスト：機械的に（例：5番目ごとに）空所を設けるので，空所補充問題よりも客観性は増します。
④問答法（Q&A）：作成者が求める部分の理解度が評価できます。
⑤パラグラフの並べ換え：論理展開の理解度が評価できます。
⑥オープンエンドの問題（open-ended question）：授業を通してどのくらい深い読みができたかが評価できます。

　また，定期試験で，1人1人の生徒の伸びを長期にわたって調べるには，定期試験に一定の割合（例えば25％）で同じ形式・同じレベルの習熟度問題を取り入れることで，その変化を見ていくことが可能となります。

3. 教員研修で行われたアクション・リサーチ（概要）

> **ケース1**
> オーラル・イントロダクションを通して「読む力」を伸ばしていくにはどうしたらよいか。　　　　　　　　　　　（公立高校1年）

(1) **事前調査（6月）**

　事前アンケートから，英語は好きな科目で，特に音声面に興味があるが，文法や構文は難しいと感じ，文章に対する苦手意識が強いことが判明。また語彙サイズ測定テストをすると，平均1,210語で，かなりの個人差があり，基本的な語彙の定着があまりよくない。

(2) **仮説の設定**

〈仮説1〉　扱う英文に関する語句や題材を用いたオーラル・イントロダクションをできるだけ多く行えば，英文の内容理解に有効だろう。

〈仮説2〉　教科書の本文をpartごとに早読み形式で読ませるようにすれば，内容に関する興味も高まり，積極的に読もうとする姿勢が生まれるだろう。

(3) **結果の検証（12月）**

・授業観察：英文の内容に関するQ&Aに，興味を持って取り組んだ。
・事後アンケート：生徒の約8割が，オーラル・イントロダクションや速読は英文の内容理解に役立つと答え，今後の継続を希望した。
・速読：4回実施したところ，次第にwpmの値が伸びた。

〈佐野先生のコメント〉

　この実践では，教師はできるだけ授業をコミュニカティブに進めることを意図して，オーラル・イントロダクションや「早読み」の活動を取り入れている。通常，「生徒は英語が苦手だから，より平易に，日本語での説明も多く」と思うものだが，実は，指導の仕方によっては生徒は意外に適応力があり，生きた言葉としての英語に前向きに取り組むものなのだ。この実践は，多くの迷っている高校教師に，「今どきの生徒も捨てたものじゃないよ」というメッセージを送っている。

4. アクション・リサーチの実践レポート［1］

> **テーマ**
> 多読を取り入れ，基礎的な英語力を伸ばすアクション・リサーチ
> （公立中学校2年）

(1) 背景

2年生の前期選択授業を教えることになり，理解の能力（読む・聞く）に関わる活動を中心に英語力を伸ばそうと考えた。

学習指導要領では，聞く・話す活動に重きが置かれ，週3時間の授業時間になったこともあり，読む活動の機会が特に減っていると感じる。授業で，読解力，語彙力を十分に養うことができていただろうか，と振り返ると，読む活動の量の少なさに加え，語彙については，新出語の発音，日本語訳，用法の提示程度で終了し，定着は生徒まかせであった。

2年生の前期の段階では，教科書の本文以外で英文を読む機会は大変少ない。そこで，読み方の指導も含め，いろいろなリーディングに触れさせ，英語力向上の一助としたいと考えた。既習の単語，文法などに文脈の中で触れさせることで，語彙や文法の理解や使用を促し，また，音読や視覚・聴覚の助けを借りて，内容理解だけでなく，発音できる語を増やすこともねらった。

(2) 文献研究

最近の習得理論では，語彙への関心が高い。たとえば，Ellis (1990) は，覚えさせる形式中心の指導と，使いながら自然に習得するインプットのバランスが大切だとしている。使える語彙を増やすために，語彙の意識的な学習ばかりでなく，多読などによる付随的な語彙学習も大切だということになる。むしろ，後者のほうが重要だという指摘もある (Miller and Gildea 1987)。さらに，英語を習い始めたばかりの学習者は，bottom-up processingを用い，文字，語を正確に知覚する能力が重要になる。しかし，上級者の場合は，top-down processingをとり，予測を

立てて自分のスキーマを活用し適切な解釈を作り上げる。そこで，学習の発達段階に応じて，両方の方式を適切に組み合わせていくことが有効であるとしている（米山 2002）。

(3) 事前調査
①アンケート

4月当初，選択授業を受ける生徒にアンケートを行った。70％以上の生徒が，授業以外で英語を読む機会がない，今後，読めるようになりたい，と思っているが，具体的に読んでみたいものは今のところ思いあたらない。また受講の理由として，38％の生徒が「定期テストのリスニング問題に強くなりたいから」と回答した。

②事前調査

学習指導要領の100語の必修語に加えて，現行の全教科書で扱われている総単語と英検3級で出題された単語，そしてWaystageの単語リストに共通する単語700語を前もって基本語として選定した。これらの語は，理解できるだけではなく，話したり，書けたりできるようになることが望ましいと考えている。今回は，語彙調査として，この700語を文字と音で提示し，意味がわかる語数を記録させた。また，英語力調査として，過去の英検4級問題から，読解，リスニング，適語補充問題の一部を出題した。その結果，表1のような実態がわかった。

表1．事前調査：語彙調査平均値と英語力調査の正答率

4月	平均語彙数	読解問題	リスニング問題	適語補充問題
	405/700語	69.23%	76.03%	80.4%

そこで，リサーチ・クエスチョンを以下のように設定した。

> 多読を通して基礎的な英語力を伸ばすにはどうしたらよいか。

(4) 仮説の設定

以上の経過から，次のように仮説を設定することにした。

〈仮説1〉 読み物を通して，既習の単語，文法などに文脈の中で触れさせることが，語彙や文法の適切な理解や使用を促すだろう。

〈仮説2〉 音読や視聴や聴覚の助けを借りることで，内容理解だけでなく，発音できる語を増やし，英語力を高めるのに役立つであろう。

(5) 計画の実践

①授業計画

以下のような授業計画を立てた。

▶2004年度第2学年　前期選択英語（週1時間）全13時間

1時間目	オリエンテーション・事前調査(1)
2時間目	基本語彙の確認，事前調査(2)
	①アメリカからの手紙（読み方についての説明・読む）
3・4時間目	②英語の紙芝居（聞く→話を読む→音読練習・紙芝居の発表）bottom-up中心
5・6時間目	③ビデオ "The Birds, The Beasts, and The Bat"（聞く・見る→話を読む）top-down中心
7・8時間目	④ "THE LONG ROAD"（単語の確認・一部辞書の使用→読んで内容をつかむ→内容確認）ALTとのTT。bottom-up中心
9・10時間目	⑤『となりのトトロ』（1年必修授業で観た英語の映画を思い出しながら，スクリプトを大まかに読む）top-down中心
11・12時間目	⑥ "Green Eggs and Ham"（読む→音読）top-down中心
13時間目	事後調査とまとめ

②授業の記録（一部：3時間目の授業を例に）

学習内容と授業の記録	2004年5月19日　第3時
・「英語の紙芝居を読む」5つの紙芝居を紹介する。お話を聞いて，内容を把握する。(20分) →イソップのお話なので，安心して英語を聞いている。(生徒は，これらの話を聞いたことがあった様子。) 紙芝居の英語の内容がよくわかった気分でいる。 ・好きな紙芝居を1つ選んで，お話を読む。紙芝居のスクリプトをワークシートに書き写す。(15分) →お話を選ぶのに時間がかからない。活動に前向き。 ・わからない単語など質問があれば，する。 →既習語について，質問してくる生徒がいる。意味を示し，お話の中での意味を考えさせる。未習語（特に，基本語に入れていないもの）については，わからないことをあまり気にしないように伝える。 ・音読できるように，練習し，クラスで発表の準備をする。(15分) ・読みの練習は，友達に聞いてもらったり，先生の前で読む。次回，グループで分担して，本発表する。 →自信を持って読めるよう，音読練習をさせる。生徒たちは，予想以上に，楽しそうに，まじめに練習している。	

⑹　結果の検証

①事後調査

4月と同じように，単語リストと過去の英検4級の問題を利用した。4月に比べて，語彙数，リスニングで統計的に有意差が認められた。(*は t 検定（有意水準5％）で，統計上，有意差が表れたもの。)

表2．事後調査：語彙調査平均値と英語力調査の正答率

10月	平均語彙数	読解問題	リスニング問題	適語補充問題
	*513/700語	74.42%	*84.48%	81.27%

②定期テスト正答率の変化

定期テストの各観点の正答率を比較してみたところ，全てのテスト問題が等質とは言い難いが，リーディングについては常に上向きである。

表3．定期テストの各観点の正答率

観点項目	前期中間6月	前期期末9月	後期中間11月
理解の能力：リスニング	75.1%	66.9%	*86.5%
理解の能力：リーディング	77%	83.9%	*88.9%
言語の知識・理解	80.7%	75.7%	88.9%

③生徒の感想（生徒Aの記述より）

5月：英語でお話を読むのがおもしろい。紙芝居の発表は，とても緊張した。でも，上手く読めた時，とてもうれしかった。

7月：カナダのマラソンの話は，けっこう難しかった。難しい単語があってたいへんだったけど，教えてもらったりして安心できた。意味も少しずつわかってきて，英語力が少し伸びたんじゃないかと思います。

10月：ビデオを見たり，長文読解をしたり，普段の授業ではできないことがたくさんやれたのでよかった。リスニングや，リーディングなどで，知らない単語をたくさん覚えられたり，リスニングで聞いたことが理解できるようになったと思います。でも，まだ単語のスペルは完全ではないので，その勉強をこれからやってみようと思います。

④アンケート

　事後のアンケートによると，選択授業の生徒の89％以上が，この授業を通して，自分なりに英語力を伸ばすことができたと感じていた。10月には，96％の生徒がこの授業を楽しくできた，よかったと振り返った。また「この選択授業で，英語がおもしろくなった」という生徒もいる。「読むことが難しくて，大変だった」という印象の生徒が14％であったが，その中で，「がんばった」と自己評価する生徒が多い。

　生徒は，長い英文を読むこと，読めることにうれしさや達成感を感じたようだ。途中，定期テストで，満足のいく点数を取ることができた生徒は，「この授業のおかげだ」と記述している。「リスニングの活動がもっと多くてもよかった」とする回答が7％あった。リーディングの活動については，生徒は，概ね満足していることがアンケートからわかった。

⑺ まとめと今後の課題

　英語学習の初期にあり，かつ時間数の少ない実践であるため，語彙力とリスニング，定期テストでの読解以外，全般的な英語力の向上に，数値的に顕著な結果はまだ得られていない。しかしながら，文脈の中で，既習の語彙，文法に触れ，理解できると実感した生徒のリーディングや語彙に対する学習意欲は，予想外に高まった。これは，今後の学習において，英語力の向上に大きな役割を果たすのではないかと考えている。このリサーチをしなければ，この学習意欲の高まりには，気づかなかったと思う。

　また，生徒の感想には，文法に関する指摘はなく，「読めなかった単語が発音できるようになった」「辞書を使ったときは大変だったけど，自分で辞書は，ひいたほうが覚えられるからよいなあ，と思った」「わからない単語や訳せない文があったけど，わかるまでできた」など語彙に関する記述が多かった。これは，語彙力の強化がリーディングの利点の１つであるのと一致している。学習者自身がこれを実感していることが興味深い。この結果をふまえて，引き続きリーディングの指導を工夫し，さらに継続的に経過を見守りたい。

（東　麻子）

5. アクション・リサーチの実践レポート［2］

> **テーマ**
> 「和訳先渡し方式」を用いてリーディング能力の向上を目指すアクション・リサーチ　　　　　　　　　　（公立高校普通科2年）

(1) 問題の確定

　対象となる生徒は，普通科高校の2年生で，男女ほぼ半数ずつの40人クラスである。生徒たちはほぼ全員が進学を希望し，部活動も盛んで自由な雰囲気があふれている校風である。クラス替えやその他の事情により，英語担当者が前年度と替わっている状況にある。

　リサーチは英語II（週3時間）の授業で行うことにし，授業の目的は，リーディング能力の向上を目指すことに置いた。

　生徒の様子を観察したところ，ほとんどの生徒は英語の授業は英文を和訳することであると考え，英文を一文ごとに和訳する習慣がついていた。また，生徒は教科書の英文を大変難しいと感じているため，自らの積極的な学習が難しくなっていることがわかった。こうした状況を克服していくにはどのような授業をしていけばいいのだろうか。

(2) 事前調査

　4月に英検3級の過去問題と語彙サイズ測定テスト（望月 2003）で英語力を，またアンケートで英語力・英語学習への意識調査を実施した。英検3級の筆記試験結果では，平均が36.7点（45点満点）で80％以上の得点率となり，およそ2/3の生徒は英検3級レベルの英語力を持っていたが（表1），語彙力の差が生徒間でかなりあり，語彙力の増強を図る必要があることがわかった（表2）。

　また，アンケート結果からは，英文解釈や英語そのものに興味や関心があり，英語力向上への希望を持っているが，英語学習や英単語・文法に苦手意識を抱き，学習方法がわからなかったり，難しいという意識から努力を怠ってきている状況が見えてきた（表3）。

表1. 英検3級テスト結果（2000年度第2回目の問題）(40人)

平均点	最高点	最低点
36.7/45	45/45	22/45

表2. 語彙サイズ測定テスト（望月 2003）の結果（40人）

平　均	最　高	最　低
2,533語	3,567語	1,800語

表3. 英語学習に関する意識アンケート結果（40人）

	（＋）方向	（－）方向
英語そのもの	57%	43%
英語学習	45%	55%
英単語	48%	52%
文法	37%	63%
英文解釈	57%	43%

そこで，リサーチ・クエスチョンを次のように設定した。

> 英文を一文ごとに和訳するのではなく，英文そのものを理解させていくにはどのようにしたらいいだろうか。

(3) 仮説の設定

　事前調査の結果から，ある程度英語の基礎力はあると判断し，今後は基礎力の定着と英語のブラッシュアップが課題であると考えた。生徒に与える英語の量そのものを増やし（input），与える英語がより生徒の頭の中に残るようにする（intake）ため，次の4項目に注目した（金谷2001を参照）。

　①英語のレベルを調整する。
　②反復練習を十分にする。
　③集中力を必要とする活動を行う。
　④英語そのものへの接触量を増やす。

そこで，文献研究によりフレーズ・リーディング，繰り返し読みや音読の有効性に関する知識を得て，次のように仮説を設定した。

〈仮説1〉　英文の和訳を先に渡すことで，英文を和訳することを最終目標とせず，英文を読む習慣ができるだろう。

〈仮説2〉　英文の音読や「繰り返し読み」で，フレーズ・リーディングの練習を行えば，英文を一文ごとに和訳する習慣から抜け出すことができるだろう。

〈仮説3〉　フレーズ・リーディングの練習を重ねていけば，英文を読む速度が速くなるだろう。

⑷　実践の方法
①和訳先渡し方式と繰り返し読み
　教科書の英文が，辞書や解説なしに読み進めるには難しい英語のレベルであるため，「和訳先渡し方式」（金谷 2002）を取り入れた。和訳にかかる時間を最低限に押さえ，その分余裕が出た時間を使って，語彙力を伸ばしたり（目標3,000語レベル），文法事項の確認や練習に費やす方式である。学習の目的が和訳ではなく，英文理解であることを認識させ，フレーズを意識した音読や黙読・タスクによる「繰り返し読み」を取り入れて単語認知や英文理解を深めることを目指した。

②ワークシートの利用
　以下の5種類のワークシートを用意した。

　ワークシート①　英文の和訳例
　ワークシート②　英文をフレーズごとに置き換えたもの
　ワークシート③　Grammar and Expressions：そのレッスンで扱う文法事項と表現を扱った練習問題
　ワークシート④　英文中に語彙・イディオムの部分が空欄のもの
　ワークシート⑤　Question and Answer Sheet：英文の内容に関する質問

　新しいレッスン（課）の始めに①の和訳例を配布し，生徒がいつでも読

めるようにした。②〜⑤のワークシートは，テープリスニング・黙読・音読において，また各レッスンの重要表現と文法事項に関わる練習問題の際に，そして語彙やイディオム，英文全体の内容理解を確認する時に用いた。このように，1授業時間に必ず5回から6回，同じ英文を繰り返し読んだ。

　さらに，授業の最後に「まとめ」という意味で，その授業で扱った英文の簡単なディクテーションや教師が指摘したフレーズを塗りつぶしていくゲーム等を用いて，常にフレーズに意識を向けるようにした。

　次に，読解演習として「早読み」練習を月に1度行った。「早読み」練習とは，一般にいう速読（skimming/scanning）ではなく，個々の英文を正確に理解しながら速く読むことを主眼としたもので，問題を解答する際，英文を再度読むことを認めた練習である。（速読の「速読み」と区別するため「早読み」という語をあえて使用している。）授業内の10〜15分を使い，およそ2,000語レベルの教材の中の，長さが200〜250語の英文を用い，読む速度（wpm）を測って記録させた。さらにその後，内容理解テストを行い，その正答率をwpmにかけて「実質的速度」を算出した。（wpmについては102，105ページ参照のこと。）

　　実質的速度＝wpm（総語数÷所要時間〈秒〉×60〈秒〉）×（正答数÷問題数）

⑸　リサーチの結果と検証

　フィールド・ノートの観察結果から，ワークシートによるタスクを多くこなしたことで，英語そのものへの接触量は以前よりも確実に増え，英文理解に集中して取り組んでいる様子や，授業中における和訳例の利用が次第に減少し，英文を読んだ後や，試験直前に使うようになっていった様子を知ることができた。

　また，1学期と2学期の語彙サイズテストの結果を比較すると，語彙数は平均で約100語増えているが，目標の平均語彙数3,000語には及ばず，目立った変化がなかった（表4）。語彙の定着や増加ができなかったの

は，語彙習得のための練習が不十分だったことが原因の1つと考えられる。

一方，「早読み」練習では，読みの速さの平均値が回を追うごとに高くなったので（表5），1～4回目の平均値をそれぞれ比較したところ，統計上有意差があった。このことから，語彙力不足で読解が困難な生徒に，フレーズ・リーディングを中心に「繰り返し読み」の活動を積極的に取り入れていくことは，読む速さと読解力を向上させるのに大変有効であるという結果が得られた。

表4．2002年度　語彙サイズ測定テスト（望月 2003）結果の比較（36人）

	平　均	最　高	最　低
4月	2,533語	3,567語	1,800語
10月	2,636語	3,767語	2,033語

表5．「早読み」練習結果の比較（30人）（200語～250語の英文）

	（1）4月	（2）10月	（3）11月	（4）3月
平均（wpm）	62.7	96.8	105.3	107.7
100wpm以上	5人	12人	19人	12人
最高（wpm）	104	165	209	179
最低（wpm）	25	15	48	52

次に，この実践授業について，アンケートを2回実施したところ，「和訳先渡し方式」（100％）や「フレーズ・リーディング」（86％）を肯定的にとらえている様子がわかった（表6）。また，文法内容の解説を充実させて演習問題を増やし，丁寧に時間をかけて理解を図る工夫を重ねた結果，文法中心の授業を望んでいた生徒の不満も解消できたようだ。

また，語彙習得に役立つと約9割の生徒が回答していたが，語彙サイズテストでの数値の増加はあまりなかった。これは，フレーズを意識して語彙を意識的に覚えたとしても，その語彙を応用して自動化することができていない段階にあったからと推測され，語彙の自動化を促進するための練習不足が原因と考えられる。今後の課題の1つである。

「早読み」練習については，およそ9割の生徒たちがその有効性を肯

表6．授業についてのアンケート結果

	1回目（2002/11）（40人）		2回目（2003/3）（40人）	
	（＋）方向	（－）方向	（＋）方向	（－）方向
和訳先渡し方式	97%	3%	100%	0%
フレーズ・リーディング	73%	27%	86%	14%
文法の確認・練習	90%	10%	100%	0%
語彙（熟語/単語）	87%	13%	86%	14%
早読み練習			89%	11%

定的にとらえていて，今後の継続を望むコメントが目立っていた。

⑥ まとめと今後の課題

　生徒にとって和訳は必要不可欠な存在で，自らの英文解釈が正しいかどうかを検証する手段として和訳例を活用している。英文そのものが難しいレベルである場合，内容を正確にとらえているのかどうかは大きな心理的不安材料である。この不安を「和訳先渡し方式」で前もって取り除いたことで，生徒は英文そのものに注意を集中できたようだ。英語そのものへの接触量は増え，読む速度と読解に及ぼした成果は大きく，注目に値するものであった。この結果から，語彙力に不安がある場合でも，常にフレーズを意識して英文を読んでいく習慣が身につけば，英文を読む速度が速くなることもわかった。今後の課題は，単語やイディオムの認知の自動化が促進され，語彙力を高めていくための十分な練習量を確保することが望まれる。加えて，文法指導への対策も不可欠である。ある程度のスピード（100wpm以上）で英文を読めるように，フレーズ・リーディングの練習を続け，これらの課題へ取り組んでいきたいと思う。

　なお，これは前任校におけるARである。

（小泉玲子）

第5章 「ライティング」をテーマにしたアクション・リサーチ

英語は好きだが，単語が書けない，あるいは構文が使えない生徒に，英語を書くことをどのように指導したらよいのでしょう。また，英語力はかなりあるクラスで，まとまりのある文章を書く能力をどのように育成したらよいのか。最も難しいといわれるライティングの指導を考えます。

1. 背景知識と指導例

学習指導要領で求めている「書く力」は，最終的には「情報や考えなどを，場面や目的に応じて英語で書く能力」（高校），つまりwriting for communicationです。しかし，4技能の中でも，「書くこと」は一番難しいスキルだといわれています。4技能のつながりを考えてみましょう。

まず，初心者のうちは聞き取りができない文を話すことはできません。listening before speakingです。さらに，話せない文は音読できません。speaking before readingです。そして，音読できない文は書けない，つまり，reading before writingなのです。だから，初心者にはwriting for language learningの役割が大きいのです。

ただ，初心者であってもwriting for communicationを他のスキルと結びつけて指導に取り入れたほうが効果的です。いずれにせよ，生徒がどこでつまずくかを見きわめたうえでのきめ細かな指導が必要です。生徒のつまずきの代表的なものと，それらに対処する活動例を見ていきましょう。

(1) 文字が書けない。

　アルファベットを個々に読んだり書いたりできるようになっても，単語になると文字と音を結びつけることが困難です。たとえ，フォニックスを学習しても，例外はたくさんありますから，英語の文字を書くというのは非常に複雑な作業なのです。したがって，書かせることを急いではいけません。入門期は，基礎の基礎を1年かけてできればよいと考え，生徒のスペリングの誤りは寛大に扱うと同時に，できるだけ授業内でもコピー（書き写し）の機会を多くします。

　コピーは個人的な作業なので，心理的なプレッシャーを比較的感じさせることなく取り組ませることができます。スピーキングなどのコミュニケーション活動と異なり，対人関係で苦労する生徒にも無理なくできる英語学習なので，英語に苦手意識の強いクラスでも，作業を工夫することで興味づけをすることが可能です。

　また，語彙指導として，文字埋めディクテーションを，単語のみ，または文の中でさせることも有効でしょう。前者はfather, mother, sisterなどを，_ather, m_ther, s_sterなどの形で示し，英語を聞いて抜けている文字を書き込ませる活動です。後者は，スペリングの一部を抜いた単語を含む既習の文を与え，英文を聞いて復元させる作業です。

　当然のことながら，スペリングの指導は発音指導と一体でなければなりません。たとえば，sing／thingを同じように発音している生徒に，スペリングだけを違えて書くことを求めるのは理屈に合いません。スペリングの指導では，発音させながら書かせるのが基本です。

(2) 単語が書けない。

　発音に自信がない単語は記憶に定着しにくいことが知られています（Rodgers 1969）。だから，単語を書かせるときは，意味はもちろん，スペリングと発音の関係に注意させ，発音練習をさせた上でコピーさせます。また文を書き写させる場合も，まずは左側に置いて写させ，次に正面に置いて写させ，最後に黒板の文を覚えて写させるようにします。段

階的に記憶に留めておく時間が長くなり，より高度な作業になるのです。

　こうした練習は回数が大切なので，生徒が嫌がらずにコピーする方法を工夫します。たとえば，書き写したものを音読させたり，書き写す時間制限を設けてスピードと正確さを競わせたり，宿題として複数枚のビンゴ・ゲームの用紙に書き込ませて，ゲームの中で達成感を味わわせたり，単語とイラストを描かせ，黒板に掲示してコンテストをするのもよいでしょう。書く作業は，家庭学習になることが多いので，やりがいや達成感を感じられるタスクにすることが大切です。

⑶　文が書けない。

　単語は書けるのに文が書けないなら，原因は，文型の知識が乏しく単語の並べ方がわからないか，日本語で考えた内容を英語に直すときの発想，つまり英文への橋渡しとなる「英文的日本文」が浮かばないからです。前者への対応としては，第1章「基礎的な英語力」で紹介したような練習や学習は当然ですが，加えて，機械的な作業にならないように工夫しながら，繰り返し教科書の文や例文をコピーさせることも大切です。学習した文全体または一部のディクテーションをしたり，例えば，have動詞の導入や口頭練習の後では次のような練習をさせたりします。

　　次の文が自分に合致していれば，（　）に〇を入れ，その文を繰り
　　返して書き，さらに疑問文にしなさい。合致していなければ，（　）
　　に×を入れ，否定文と疑問文にしなさい。

　　You have a sister.（〇）
　　　Yes, I have a sister.　Do you have a sister?
　　You have the CD.（×）
　　　No, I don't have the CD.　Do you have the CD?

　教科書の一部を自己表現の文に書き直させる方法もあります。語順については，新文型が出てくるたびに，既習の項目も合わせて，単語の並べ替え練習を行います。また次のように，機能語や動詞の活用などを除去した内容語だけの文の核を与え，完全な英文に復元させる活動も効果

的です。

　[American/school/more/informal/Japanese/school]
　→ *American schools are more informal than Japanese schools.*
[student/usually/not/wear/school uniform]
　→ *The students usually don't wear school uniforms.*

　一方,「英文的日本文」が発想できない生徒に対しては，訳す和文に関してWho／What does what? How? When?などの質問をして日本語で答えさせれば，英語の発想・語順にシフトさせることができますし，英語で答えさせれば，コミュニカティブな活動に近づきます。和文英訳は指導要領で言うライティングの活動ではありませんが，使い方によっては文型や語彙の定着を図るのに有効な方法です。

(4) まとまりのある短い文章が書けない。

　文部科学省の教育課程実施状況調査の設問では，例えば，「自分が興味を持っていること」などの与えられたトピックについて3，4文以上（平成13年中学校），「高校生活で最も楽しかったこととその理由」などについて4文以上（平成14年高等学校）の，まとまりのある文章を書くことが求められています。

　この目標に到達させるには，文型とすでに学習した文法事項も盛り込みながら，まず教師が身近な話題についてモデルとなる英文を示し，その枠組みを使って自分に合わせた単語や表現に入れ替えて書かせ，暗記してスピーチさせる，という練習が必要です。そのときには，書く目的を意識させ（自己紹介なのか，人を勧誘するためなのかなど），その目的を果たすために書くよう指導します。文章のまとまりには，目的意識が一貫していることがなによりも必要だからです。

　これに類似した活動として，guided composition（誘導作文）があります。あるテーマについて教師が英語で質問し，その答えをつなげていけば一応の文章になるというものです。ただこの活動では質問に対する答えの正確さに注意が向きやすいので，「質問はヒントとして利用し，伝

えたいことを書くことが大切だ」ということを強調する必要があります。

⑤ まとまりのあるパラグラフが書けない。

　パラグラフ構成についての知識を教え，それにのっとってまとまりのある英文を書くことを求めても，文レベルで苦労している生徒には二重の要求になり，消化不良を起こします。まず，mappingで思いつくままにアイディアを出させ，それをもとに自由にたくさんの文を書かせます。その中から話題の中心的な文を選んでトピック・センテンスとし，次にそれをサポートする文を書き加えていくよう指導します。逆に，関連の薄い文は意図的に排除し，cohesion（文と文の文法上のつながり）やcoherence（文と文の意味上の結びつき）に注意を向けさせます。さらに時間が許せば，第1稿に適切なフィードバックを与えて，第2稿，第3稿を書かせるプロセス・ライティングの手法を用いて，内容を深め，パラグラフの構成にも注意を向けさせることができます。

　また，書く内容によって難易度に差が生じます。自己表現が最も容易で，次は目の前にあるものの描写，時間の流れに応じて書く物語文，解説のための説明文，説得する文章，議論する文章など，テーマによって認知的な要求も高度になるので，まずは，平易な活動で自信を持たせ，次第にレベルの高い活動に取り組ませます。

⑥ 文章に誤りが多い。

　語順や従属接続詞などメッセージの伝達に大きな支障をきたすようなglobal error（35ページ参照）については，きちんと指導しなければなりません。教師が訂正するか，下線を引いて自分で誤りに気づくようにし，口頭でも練習します。また，local error（35ページ参照）も数が多いと意味伝達に支障をきたすし，書き言葉には話し言葉よりも高い正確さが要求されるので，適切な指導が必要です。

　ただ，生徒によって犯す誤りが異なるので，すべてに対応しようとすると，指導のポイントが絞れません。その場合は，いくつかの誤りの具

体例を指摘し，そこにポイントを置いた誤文訂正の練習問題をさせ，その後，各自で自分の作品を見て校正させ，次にペアで交代して行わせたりします。ここでもプロセス・ライティングの手法が有効です。

(7) 他のスキルとどう結びつけるか。

　ライティングは生徒の活動が形として残るので，学習したことの定着を見るservice activityとして，あるいは，他のスキルに焦点を当てた活動のまとめとしてよく利用されます。そして，それが結果的にライティングのスキル向上にも効果を生むのです。他のスキルを組み合わせた活動例を紹介しましょう。

①**リスニングとの組み合わせ**

　リスニングとライティングを組み合わせた最も典型的な活動は，聞いた英語を書き取るディクテーションです。その1つに，dicto-compoがあります。これは，まとまった英文を数回聞かせて，聞き取れた部分を徐々に書き加えさせるというものですが，完全には再現しきれなかったとしても，メモや記憶を頼りに自分の言葉で文を書かせることができるという点で，現実のライティングに近い活動になります。

　また，ゲーム感覚でできる活動として，"loudspeaker"があります。これは，交替で1人の生徒が，ヘッドフォンから聞こえてくる英文をshadowingで再現し，他の生徒はそれを頼りに英文を書き取るというものです。

　その他，短い対話をテープなどで聞いて，話し手（あらかじめ指定）の感情や気持ち（He was happy./She felt disappointed.など）を書かせるのも，比較的無理なくできるリスニング＋ライティングの活動です。感情を読み取るために，声のピッチなどにも注意を向けさせます。

②**スピーキングとの組み合わせ**

　たとえば「修学旅行の行き先を決める」のように，あるトピックを設定し，それに関する質問を与えてインタビューをさせ，その結果を文章にまとめて発表し，一番人気の目的地を決定するという作業は，スピー

キング＋ライティングの活動になります。

店員と客，空港の入国審査の係員と旅行客などの役割設定をしたロールプレイをさせて，聞き取った内容を書かせる，というのも取り組ませやすい活動です。「話すこと」と「書くこと」のスキルを同時に向上させることにより，「表現の能力」を立体的に高めていくことができます。

③リーディングとの組み合わせ

典型的なものとしては，まとまりのある文章を読ませてから，内容に関する質問の答えを書かせる，要約を書かせる，感想を書かせるといったものがリーディング＋ライティングの活動としてあげられます。

創造的なライティングをさせる活動として，物語を読ませてから，その続きを書かせたり，作者や登場人物に宛てた手紙を書かせたり，対話を読ませて，その対話の続きを書かせたりすることが考えられます。また，教科書の内容理解のための質問を，教師がする代わりに，生徒に作らせてみるのも面白いでしょう。

2. 検証のしかた

アクション・リサーチでライティングの指導法の効果を見るには，まず，事前調査でライティングの作品を書かせておき，一連の指導が終わったあとで，等価の作品（例えば類似したテーマのまとまった英文）を書かせて比較する，というのが基本的なやり方です。

では，作品をどう比較したらよいのでしょうか。ライティング能力の測定については，多くのデータ分析の方法がありますが，それぞれに長所短所があります。ここでは，現場でもできるデータの取り方を見ていきましょう。

①印象的評価法

読んだ全体的な印象でレベル分けする方法です。まず作品全体を3つのレベル(A, B, C)に分け，それぞれをさらにA⁺, A, A⁻などの3段階に分ける，あるいは，はじめに5つのレベルに分けて，それぞれを＋，－の2つに分けるなどのやり方があります。大量の作品を採点するには

適していますが，当然，この方法は主観による部分が大きくなります。

②分析的評価法

作品のある側面について数量的なデータを取っていく方法です。着目する側面は，通常，流暢さ（fluency），複雑さ（complexity），正確さ（accuracy），内容の豊かさ（content）の4点です。流暢さは「どれくらいたくさん書けたか」を見るので，作品の総語数を数えます。複雑さは「どれくらい複雑な文が書けたか」を見るもので，語数が多いほど複雑な構文を使用している可能性が高いので，T-unitの平均語数を算出します。次に正確さでは「どれくらい正確な文が書けたか」を見るので，すべてのT-unitのうち誤りがないものの割合を算出するというやり方があります。また内容の豊かさ，情報量については，idea-unitの数を見るというやり方があります。これらの測定方法にも妥当性をめぐって賛否両論はありますが，アクション・リサーチで事前・事後の作品を比較する，という目的のもとでは十分でしょう。

③全体的評価法

ライティング作品のいくつかの側面に注目し，それぞれについて印象的・主観的に得点を与えていく，といった方法です。評価のスケールとしてよく知られているものに，Jacobs et al. (1981) のESL Composition Profile（図1参照）があります。これは，content（内容），organization（論理構成など），vocabulary（使用語彙），language use（文法・構文），mechanics（スペリング・句読法など）の側面について，それぞれを30，20，20，25，5点満点で採点し，100点満点中の総合点も算出するというものです。このように，ある観点を決めて，それらについて段階的な評価基準を設定し点数を与えていくような採点規定（表）を，「ルーブリック」（rubric）と呼びます。ただ，既存のルーブリックでは，自分の指導や生徒の能力測定に合わない場合があります。授業の目標，生徒の現状に合った独自のルーブリックを作れば，目標の達成度や生徒の弱点をより現実的に分析することができるでしょう。実践例は本章末の実践レポートで紹介しているので参照して下さい。

④ポートフォリオの利用

ライティングの指導の長所は，生徒が自分の作品を自己評価したり，教師や友人のコメントで書き直すなど，「振り返り」の機会を多く持てることです。その軌跡を示すポートフォリオも貴重な資料になります。

ESL COMPOSITION PROFILE

STUDENT　　　　　　　　DATE　　　　　　　　TOPIC

	SCORE	LEVEL	CRITERIA	COMMENTS
CONTENTS		30-27	EXCELLENT TO VERY GOOD: knowledgeable ● substantive ● thorough development of thesis ● relevant to assigned topic	
		26-22	GOOD TO AVERAGE: some knowledge of subject ● adequate range ● limited development of thesis ● mostly relevant to topic, but lacks detail	
		21-17	FAIR TO POOR: limited knowledge of subject ● little substance ● inadequate development of topic	
		16-13	VERY POOR: does not show knowledge of subject ● non-substantive ● not pertinent ● OR not enough to evaluate	
ORGANIZATION		20-18	EXCELLENT TO VERY GOOD: fluent expression ● ideas clearly stated/supported ● succinct ● well-organized ● logical sequencing ● cohesive	
		17-14	GOOD TO AVERAGE: somewhat choppy ● loosely organized but main ideas stand out ● limited support ● logical but incomplete sequencing	
		13-10	FAIR TO POOR: non-fluent ● ideas confused or disconnected ● lacks logical sequencing and development	
		9-7	VERY POOR: does not communicate ● no organization ● OR not enough to evaluate	
VOCABULARY		20-18	EXCELLENT TO VERY GOOD: sophisticated range ● effective word/idiom choice and usage ● word form mastery ● appropriate register	
		17-14	GOOD TO AVERAGE: adequate range ● occasional errors of word/idiom form, choice, usage *but meaning not obscured*	
		13-10	FAIR TO POOR: limited range ● frequent errors of word/idiom form, choice, usage ● *meaning confused or obscured*	
		9-7	VERY POOR: essentially translation ● little knowledge of English vocabulary, idioms, word form ● OR not enough to evaluate	
LANGUAGE USE		25-22	EXCELLENT TO VERY GOOD: effective complex constructions ● few errors of agreement, tense, number, word order/function, articles, pronouns, prepositions	
		21-18	GOOD TO AVERAGE: effective but simple constructions ● minor problems in complex constructions ● several errors of agreement, tense, number, word order/function, articles, pronouns, prepositions *but meaning seldom obscured*	
		17-11	FAIR TO POOR: major problems in simple/complex constructions ● frequent errors of negation, agreement, tense, number, word order/function, articles, pronouns, prepositions and/or fragments, run-ons, deletions ● *meaning confused or obscured*	
		10-5	VERY POOR: virtually no mastery of sentence construction rules ● dominated by errors ● does not communicate ● OR not enough to evaluate	
MECHANICS		5	EXCELLENT TO VERY GOOD: demonstrates mastery of conventions ● few errors of spelling, punctuation, capitalization, paragraphing	
		4	GOOD TO AVERAGE: occasional errors of spelling, punctuation, capitalization, paragraphing *but meaning not obscured*	
		3	FAIR TO POOR: frequent errors of spelling, punctuation, capitalization, paragraphing ● poor handwriting ● *meaning confused or obscured*	
		2	VERY POOR: no mastery of conventions ● dominated by errors of spelling, punctuation, capitalization, paragraphing ● handwriting illegible ● OR not enough to evaluate	

TOTAL SCORE　　　READER　　COMMENTS

図1．ESL Composition Profile（Jacobs et al. 1981, p.140）

3. 教員研修で行われたアクション・リサーチ（概要）

> **ケース1**
> 語彙や基礎的な文法を定着させ，自己表現力（書く力）を伸ばすにはどのような指導がよいか。　　　　　　（公立中学校2・3年）

(1) 事前調査
- 観点別到達度学力検査（CRT）：伝えたい内容を考え，正しく書く力，単語力に弱さがある。
- 1学期定期テスト：単語・文法の力が弱いが，自己表現に取り組もうとする意欲はある。
- 事前アンケート：自己表現に難しさを感じている生徒が多い。

(2) 仮説の設定

〈仮説1〉　会話のペアワークの中で，得た情報を書かせる練習をさせれば，自己表現に対する苦手意識が少なくなるだろう。

〈仮説2〉　自己表現の書く練習に多く取り組ませれば，表現の正確さが増すだろう。

〈仮説3〉　新出単語の学習に「読む・意味理解・書く」でペアワークを取り入れて練習させれば，語彙の定着を促すことができるだろう。

(3) 結果の検証
- 2学期定期テスト：自己表現力を見る問題の正答率が向上している。
- 事後アンケート：自分の言いたいことを書く楽しさと必要性を感じた生徒がかなり増えている。

〈佐野先生のコメント〉

　「書く力」を伸ばすのに，友達と話し合う活動から入ったことが良い結果を生んだ原因でしょう。書く力には，英語力や考える力などはもちろん必要ですが，その基礎に，自分の考えや思いを伝えたいという意欲がなければなりません。その意欲を刺激するには，友達と理解し合うことに成功した喜びの体験が必要だということをこの実践は示しています。

> **ケース2**
> 既習の文法事項を使って，身の回りのことなどについてまとまった英文を書けるようにするには，どうすればよいか。　　（公立高校3年）

(1) 事前調査
- 事前アンケート：英語に苦手意識を持ちながらも，自己表現には興味があり，できるようになりたいと思っている生徒が多い。
- 授業観察：既習の文法事項を使った英作文では，考えがまとまらない生徒が多く，作品の多くは提示した参考例をまねたものである。また，自己表現ができないのは語彙が少ないから，とした生徒が多い。

(2) 仮説の設定

〈仮説1〉　英作文をさせるとき，身の回りのことをテーマとして考えさせれば，書くことに対する抵抗を少なくすることができるだろう。

〈仮説2〉　教師がある程度の場面設定をしてから，英作文をさせる練習を繰り返せば，考えをまとめることに慣れるだろう。

〈仮説3〉　使えそうな語句をヒントとして提示して英作文をさせれば，書くことに対する抵抗を少なくすることができるだろう。

〈仮説4〉　作品をクラスで紹介すれば励みになり意欲も向上するだろう。

(3) 結果の検証
- 既習の文法事項を使った授業中の自己表現課題：徐々に語数が伸び，2学期末には全員が30語以上の英文を書いている。
- 2学期定期テストの自己表現問題：7割前後の生徒が満足できる得点率を保っている。

〈佐野先生のコメント〉
　モデル文をまねてすませようとする生徒がいます。その場合，対策として教師がモデル文に変化を付け可能性に気づかせたり，語彙指導をしたり，他の生徒のコメントを聞かせたり，優れた作品を紹介したりします。生徒はやり方を知れば，自己表現したいと思っているのです。この実践は，生徒の意欲を信じることの大切さを示しています。

4. アクション・リサーチの実践レポート

> **テーマ**
> 電子メールを活用したライティング授業で，内容豊かな英文を書く力を伸ばすアクション・リサーチ　　　　　（公立高校3年）

(1) 問題の確定

　以前の授業で，電子メールの交換をさせたことがあったが，内容が乏しく，深みのない事実の羅列のような作品が多かった。また多くの生徒が「書きたいことが思いつかない」と感じていた。そこで，書きたいことを思いつき，内容豊かな英文を書けるようにするにはどのような指導をすればよいか，ということについてアクション・リサーチを行った。対象は，全日制普通科公立高校3年生22名のクラスである。

(2) 事前調査
①文献研究

　英語指導に電子メールを導入することで，書くための動機を持って，瞬時にやり取りができる「読み手」を意識して書かせることができるということ，文章の保存・校正が容易なコンピュータの活用により，プロセス・ライティングがやりやすいということなどを文献から学んだ (Warschauer 1995, Warschauer & Kern 2000, Warschauer et al. 2000, 杉本・朝尾 2002, 山内 1996, 山内 2001)。

②アンケート

　4月に行った事前のアンケートでは，7割以上の生徒が「自分の言いたいことを英語で書けるようになりたい」と考えていた。また8割以上の生徒が，英語は「好き」「どちらかといえば好き」と答えた。英語は好きなのだが思うようにメッセージを表現できない，という生徒の意識が伺えた。

③「自己紹介文」を英語で書く

　事前の生徒の書く力を測るために，まず「自己紹介文」を電子メール

に書いて他の生徒に送信し，感想を返信してもらう活動を行った。難しかった点として，「書きたいことが思いつかなかった」という生徒の声が多かった（データは137ページ）。

④採点規定（ルーブリック）

　前回の指導の反省として，作品の適正な評価と指導への活用という視点が欠如していたことがあげられる。そこで，先の「自己紹介文」と，「週末にしたこと」というテーマの作品をもとに，評価のスケールを定めて，リサーチの最初と最後に同テーマの作品を比較することにした。まず公的なものとして，ACTFL Proficiency Guidelines—Writing (Revised 2001) のスケールを使って，生徒の作品の評価を試みた結果，全作品がINTERMEDIATE-LOW（10段階の下から4番目）のレベルと判定された。しかし詳しく見ると，観点によっては上のレベルや下のレベルに入ると判断できることがあり，観点別の評価の必要性を感じた。そこで「内容」「構成」「構文」「文法」の4つの観点を設定し，それぞれについて5段階評価を与えるという，表3のような採点規定（ルーブリック）を作成した。それぞれの観点で，概ね生徒の現状を「2」として段階を設定した。このスケールにより，ライティングのどのような面が課題であるかを具体的に指導することも可能になった。

　4つの観点の合計点数からA～Cの3段階のレベルを設定し，このスケールで「自己紹介文」「週末にしたこと」の2作品を判定したところ，以下の表1，表2のようになった。

表1.「自己紹介文」のレベル（事前）

レベル	人数	割合
A	0名	0%
B	0名	0%
C	22名	100%

表2.「週末にしたこと」のレベル（事前）

レベル	人数	割合
A	0名	0%
B	9名	40.9%
C	13名	59.1%

⑤数量的な計測

　調査の信頼性を高めるために，idea-unitの総数で「内容の豊かさ」，

表3．観点別評価の採点規定（ルーブリック）

	内容	構成	構文	文法
5	・読み手が知りたいと思うような情報量が豊かで、詳しい説明がある。 ・いくつかの項目に関連した自分の気持ちや考えが書き表されていて、論理的記述も見られる。	・まとまりのあるパラグラフが3つ以上あって、流れが自然である。	・従属節（関係詞節を含む）が使いこなせていて、他の複雑な構文（It is...for～、It is...that～など）が見られる。	・中学校既習の文法事項が概ね正確に使いこなせている。 ・non-nativeの作文に慣れていないnativeでも容易に理解できるほどの正確さを持っている。
4	・読み手が知りたいと思うような情報量がかなりあり、十分な説明がある。 ・いくつかの項目に関連した自分の気持ちや考えが書き表されているが、論理性は見られない。	・まとまりのあるパラグラフが3つ以上あるが、流れを意識していない。	・さまざまな従属節が使いこなせているが、関係詞節は見られない。また他の複雑な構文は見られない。	・中学校既習の文法上の誤りがまれに見られるが、local errorにとどまる。 ・non-nativeの作文に慣れているnativeならば問題なく理解できるほどの正確さを持っている。
3	・読み手が知りたいと思うような情報量が最低限はあり、一応の説明がある。 ・いくつかの項目に関連した自分の気持ちを表す文が見られるが、考えは表現されていない。	・まとまりのあるパラグラフが2つできている。	・さまざまな従属節が見られるが、ときどき誤りがある。	・中学校既習の文法上の誤りが見られ、まれにglobal error（語順、時制など）も含まれることがある。 ・non-nativeの作文に慣れているnativeならば少し考えれば理解できるほどの正確さを持っている。
2	・読み手が知りたいと思うような情報量が不十分で、説明も不十分である。 ・自分の気持ちを表す文が見られるが、項目と関連したものではない。	・1つのパラグラフの形になっている。	・まれに従属節が見られるが、誤りが多い。	・中学校既習の文法上の誤りが多く、global error（語順、時制など）もときどき見られる。 ・non-nativeの作文に慣れているnativeでもいくらか理解に苦労することがある。
1	・読み手が知りたいと思うような情報量がほとんどなく、説明も少ない。 ・自分の気持ちを表す文はほとんど見られない。	・箇条書きのような単純な文構造でパラグラフはできていない。	・従属節は見られない。	・中学校既習の文法上の誤りが多く、global error（語順、時制など）も多く見られる。 ・non-nativeの作文に慣れているnativeでも理解できない文がいくつか見られる。

総語数で「流暢さ」，T-unitの平均語数で「複雑さ」，誤りのないT-unitの割合で「正確さ」を測定した。結果は，いずれもかなり低いレベルであった（データは137ページ）。
⑥ リサーチ・クエスチョンの設定
　書く時間を十分与えたにもかかわらず，総語数，idea-unitの数ともに少ない。また「書きたいことが思いつかなかった」という声が多いことにも注目し，次のリサーチ・クエスチョンを設定した。

> 教師や辞書の助けを借りながらも，内容が豊かで，コミュニケーションに必要な正確さをもった英文を書ける力を身につけさせ，7割の生徒が1ランク上のレベルに達するには，どのような指導をすればよいか。

(3) 仮説の設定
　電子メールはよい動機づけにはなるが，先に発信させるより，来たメールに返事を書く方が，内容や表現のヒントが得られ，書く自信につながると考え，次の〈仮説1〉を設定した。
〈仮説1〉　送られてきた電子メールに返事を書くという活動を行えば，そのメールがモデル文となり，書きたいことを思いつく手助けとなって，流暢さが伸びるだろう。
　また，内容を深め，まとまりを意識させるためにmappingを導入することにし，次の〈仮説2〉を設定した。
〈仮説2〉　書く前にmappingを行えば，書きたいことが整理され，より多くの内容のある英文が書けるとともに，話のまとまりでパラグラフもできるようになるだろう。
　さらに，校正が容易にできるコンピュータの利点を活かして，プロセス・ライティングの手法を用いれば，内容も正確さも向上すると考え，次の〈仮説3〉を設定した。
〈仮説3〉　内容に関するフィードバックを与えて書き直しを重ねれば，

内容の深め方が身につき，読み直すことで文法の誤りに注目する習慣がつき，正確さも増すだろう。

(4) 計画の実践
①外国の高校生（架空の人物）からという設定で，教員が電子メールを作成し，生徒に送信した。
②送られてきたメールの内容を理解させ，答え方を用意させた。さらに返信メールの内容をmappingによって整理させた。
③返信メール第1稿を作成・送信させ，内容を深めるためのアドバイスをつけて送り返した。
④アドバイスをもとに第2稿を作成・送信させた。この第2稿については，プリントアウトして添削し，コメントをつけて返した。
　以上のサイクルの活動を，別テーマのメールでも行った。
　この活動後に，韓国の高校生と実際にメール交換を始めた。それを機会に，再度「自己紹介文」と，さらに「週末にしたこと」を書かせ，それぞれ予備調査時の作品と比較することにした。

■「週末にしたこと」事前の作品例（Level C）

> Hello!
> Today I am going to tell you something about "What I did over the weekend."
> Sunday it was rainy. I didn't have enough time to eat breakfast.
> Begin was Brass Band club from nine A.M. to six P.M.
> I was practice played the flute.
> We played music in concert.
> It was very tired. But It was very happy.
> From ********.　（原文のまま）

■「週末にしたこと」事後の作品例　（Level A）（事前のものと同一生徒によるもの）

> Today I am going to tell you something about what I did over the weekend.

> I left home at nine. I went to Shin-ohkubo with my friend. The city was crowded with people.
>
> I had my instrument repaired. They charged me 30,000 yen for the repair. I think that it was expensive. But I cannot help it because brass band contest will be held soon.
>
> Then we thought to take the train was waste of money. We walked from Shin-ohkubo to Shinjuku. It took us at least two hours to get there. We walked till my legs got stiff.
>
> And a foreigner spoke to me on the street. He was Korean. He asked me about the soccer stadium. "I'm sorry. I don't know." we said. He made a polite bow to me. I was impressed by his attitude.
>
> We were starting for home, when it began to rain. I didn't have an umbrella. I was drenched to skin in a shower. （原文のまま）

(5) リサーチ結果の分析と仮説の検証
①採点規定（ルーブリック）によるレベル判定と数量的分析

　予備調査と同様に，一連の授業実践を経た「自己紹介文」「週末にしたこと」の英文のレベル判定を行った。結果は以下の通りである。

表4．「自己紹介文」のレベル（事後）

レベル	人数	割合
A	2名	9.1%
B	16名	72.7%
C	4名	18.2%

表5．「週末にしたこと」のレベル（事後）

レベル	人数	割合
A	8名	36.4%
B	14名	63.6%
C	0名	0%

　予備調査の「自己紹介文」では，全員がレベルCと判定されたが，72.7%の生徒がレベルBに上がり，9.1%はさらに上のレベルAに達した。「週末にしたこと」では，77.3%の生徒が1ランク上のレベルに上がった。（そのうちの18.2%はレベルCからレベルAに上がっている。）

表6.「自己紹介文」の数量的分析（平均値）

測定項目	事前	事後
idea-unitの総数（内容の豊かさ）	6.7	*16.1
1文あたりのidea-unitの平均数	1.15	*1.23
総語数（流暢さ）	30.6	*80.1
T-unitの平均語数（複雑さ）	5.21	*6.00
誤りのないT-unitの割合（正確さ）	82.1	79.1

*は統計上，有意差が表れたもの

表7.「週末にしたこと」の数量的分析（平均値）

測定項目	事前	事後
idea-unitの総数（内容の豊かさ）	10.3	*20.3
1文あたりのidea-unitの平均数	1.39	*1.65
総語数（流暢さ）	49.2	*104.7
T-unitの平均語数（複雑さ）	6.26	*7.81
誤りのないT-unitの割合（正確さ）	71.2	77.8

*は統計上，有意差が表れたもの

残りの22.7％はレベルBにとどまり，レベルCにとどまった生徒はいなかった。

さらに数量的なデータを比較してみると，表6，7のようになった。

「自己紹介文」では，「流暢さ」を表す総語数が大幅に伸び，「内容の豊かさ」を表すidea-unitも総数だけでなく1文あたりの平均語数が伸び，それにともなって「複雑さ」を示すT-unitの平均語数も伸びていることがわかる。「正確さ」を示す，誤りのないT-unitの割合は一見下がっているが，初回のものは文の数も少なく，無理をせずに単純な文構造で書いているために，2回目のものに比べて正確さが高かったと思われる。2回目のものは語数・内容が増えるにしたがって，冠詞の欠落，複数形の-sの欠落など，local errorが増えている。実際，「意味理解に困難をきたすような誤り」に限って見ていくと，正確さはむしろわずかながら向上している。

また，「週末にしたこと」の方でも「内容の豊かさ」「流暢さ」ともか

なり伸びた。「正確さ」も有意差とまでは至らなかったが上がっている。「複雑さ」も伸びている。

②アンケート

　活動終了後のアンケートでは，書きたいことが「思いつくようになった」とプラスに評価している生徒は9割以上になった。また全員の生徒が，この授業は「楽しかった」と答えており，その理由として，多くの生徒が「コンピュータの活用」「電子メールの交換」を挙げていた。また授業でできるようになったこととして，7割以上の生徒が「書きたいことが思いつくようになった」，6割以上の生徒が「単語を並べて英文を作ることが前よりわかるようになった」ということを挙げている。

(6)　まとめ

　レベルの向上はもちろんだが，流暢さ，内容的な豊かさの伸びという意味では，数量的に見ても，この実践はある程度の成果をあげたと思う。「意味理解に困難をきたさない」というレベルでの正確さも向上した。アンケートからもコンピュータ，電子メールの活用が有効な動機づけになったことが伺える。韓国の高校生との実際のメール交換は授業時間内に多い生徒で4往復ほどできた。

　アクション・リサーチを行ってみて，毎回生徒の様子を記録してきたフィールド・ノートにより，個々の生徒の様子や進歩の具合がよく見えるようになり，どの生徒にどのようなアドバイスをすべきか意識して行うことができるようになった。また個々の活動について，どういう力を身につけてほしいのか，どのような効果が期待できるのかということをあらためて考えるようになったと思う。随時生徒に知らせたデータに自分も一喜一憂しながら，和やかで一体感のある授業が展開できたと思う。

（村越亮治）

第6章 「学習意欲」をテーマにした アクション・リサーチ

　生徒の多くが「英語はつまらない」「意欲が湧かない」と感じているクラスで,どう指導すれば学習意欲を持たせることができるでしょうか? また,英語力はあるのに授業に積極的に参加しない生徒を,どうすれば生き生きと活動に取り組ませることができるでしょうか?

1. 背景知識と指導例

　すでに23ページで,「マスローの三角形」に言及しながらクラスの学習意欲を盛り上げる方法を説明しました。具体的には,「リズム感を大切にして授業にいろいろな活動を取り入れる」,「生徒が安心して授業に取り組めるようにわかる授業を心がける」,「仲間意識を盛り上げるために生徒同士の理解を深める言語活動を設定する」,「生徒に成功感を持たせるためにテストや活動を工夫する」などの対応策を挙げました。こうした生徒のニーズを満たすことは英語指導の基盤であり,教師の最も大切な役割であるということも説明しました。

　それにもかかわらず,ここで「生徒に学習意欲を持たせる指導の工夫」として新たに章をもうけて扱うのは,これが多くの教師の悩みの種であり,またそれだけ深刻な問題でもあるからです。この章ではまず,個々の生徒の特性を理解するのに必要な「学習者要因」を手短に説明します。自分に合わない指導をされると,授業を拒否する生徒がいるからです。生徒の特性を理解することは,彼らの学習意欲を高める工夫に役立ちます。次に,生徒指導上の問題を抱えたクラスについても言及します。

(1) 個々の生徒理解

　学習者要因として重要なのは，動機と言語適性，それに抑制です。以下に手短に説明します。

①動機

　何のために，また，どうすれば人は英語学習を進んで行うのかという研究は，以前からなされてきました。たとえば，Gardner & Lambert (1972) は学習者の動機づけを「統合的動機づけ」（その言語が話される社会の一員になりたいから学習する）と「道具的動機づけ」（外国語が将来自分に利益をもたらすから学習する）の2種類に分類しました。どちらの動機が学習の成功度と関連が深いかについて数多くの研究が行われてきていますが，明確な結論は得られていません。そんな中で，全く別の発想が生まれてきました。動機があるから勉強するのではなく，勉強の成功がやる気を生み，さらに勉強するようになる，つまり，学習の成功こそが鍵だという主張です (Burnstall 1978)。これが後で「帰属理論」と呼ばれ（ジョンソン 1999），学習者が自分の成功の原因をどこに求めるかが，その後の行動を決定するという説に結びつきます。たとえば，自身で決めた目標を達成することが成功を生むという主張や，自信を持てたことには積極的になるという説などがあります。では，私たちは生徒の学習意欲を高めるために，ここから何を学べばよいのでしょうか。

　まず，これらの理論は，相補的に捕らえるべきだということです。生徒の外国への興味をかきたて，英語話者と交流する機会を保障するとともに，英語学習の将来の必要性を説明することも忘れてはなりません。また，授業やテストで達成感を与える工夫をすると同時に，個々の生徒に目標を設定させ，自分の進歩をモニターさせることも大切でしょう。あるいは，個々の生徒に応じて動機づけの方法を変えることも必要でしょう。それぞれのケースに合わせて上記の視点から自分の授業が生徒の動機とマッチしているかを判断し，必要に応じて教材や言語活動など指導法に工夫を加えなければなりません。

②言語適性

　知能指数が学習全体の成否に影響するように、言語学習の成功は適性に左右される部分が多くあります。生徒によっては、聴覚記憶に優れ、発音などがうまくできる子と、言語的なセンスがあって、文法学習が早い子と、実際の会話から単語や文法を習得することがうまい子がいるとされています（Carroll 1977）。優れている子がいる反面、苦手な分野がある子もいるのです。ですから、「英語ができる子」「できない子」という大雑把な捉え方ではなく、1人1人の適性を理解し、各人に合った勉強方法を指導すると同時に、弱点の克服にはより多くの時間をかけた丁寧な支援が必要です。

③抑制

　人は誰も、自己を防御しようとする精神的なメカニズムを持っていますが、特に抑制力の高い人には、外国語はこれまで日本語で培ってきた自己への脅威として感じられ、防御的な姿勢を取ることになります。加えて、教室では「恥をかきたくない」という気持ちと結びつき、「自由に操れないことば」を用いて自己表現することに大きな不安を感じるのです。この点について八島（2004）は、習得してから使うのではなく、使いながら習得する点が、外国語学習に特有の情動的側面である、と述べています。では、この不安感を取り除くには教師は何をすればよいのでしょうか。

　まず、生徒の感じる不安には個人差があることを承知し、個別に対応する必要があります。そのためには、日ごろから生徒1人1人との対話を心がけたり、生徒に日記をつけさせたり、授業ノートを活用したりすることなども効果的です（瀧口 2003）。

　さらに、間違いは恥ずかしいことではないという雰囲気を教室内で作ることも大切です。このために教師は生徒との間にしっかりとした信頼関係を築かなくてはいけません。生徒の提出物に目を通し、励ましのフィードバックを与えれば、生徒は教師が自分を認めてくれたと感じ、親近感を持つようになります。さらに生徒が誤りを犯したときの訂正のし

かたにも教師は注意しなければなりません。八島らの調査では、生徒が教師に求める行動として、「言い終わるまで聞く」「なんでわからないのか？という態度を取らない」「笑顔」などが挙げられています。多くの生徒が理想とする教師像とは、間違いを犯しても笑顔で受け入れ、生徒が発する不完全な英語に辛抱強く耳を傾けてくれる教師であると言えます。

(2) 問題を抱えたクラスへの対応

ここまで読んで、「事態はもっと深刻だ。今、自分が直面しているのは、英語指導以前の生徒指導の問題だ」と思われる方もおられるかもしれません。確かに、授業に集中できない生徒が数人いれば、教室は大混乱です。かといって叱りつけて片付くものでもありません。考えなければならないのは、問題を抱えた生徒の多くは、孤立感に悩まされていて授業に集中できないという点です。

小野瀬（2004）は、自分が親・教師・友達から認められ、受け入れられたと感じる「他者受容感」を持つと、生徒は学ぶ意欲を持つと指摘しています。いかに教師や友人から「受け入れられている」「理解されている」と感じることができるかが学習意欲に影響を与えるということです。逆を言えば、教師が自分を理解してくれていないと感じると、生徒は英語学習に対しても意欲を失ってしまう可能性が高いのです。ですから教師は、教室の内外を問わず、できるだけ人間的な接触を多くして、機会あるごとに"I care about you."というメッセージを送り続けなければならないのです。具体的な手法についてはこの章の実践レポートを参照して下さい。

生徒理解について三浦（1992）は、個々の生徒の「個人差」と「個性」の両方に着目することが重要だと述べています。「個人差」が他の生徒と比べてどうなのか、他の教科の成績と比べてどうなのか、といった量的なものであるのに対し、「個性」は全体としては質的にしかとらえられないものであり、生徒の主体性を尊重した学習指導には「個性」

を理解することが必要であるとしています。すなわち，生徒の学力に適切に対応すると同時に，ユニークな個人という視点からも生徒理解に努めなければなりません。これに関連して，最近「個に応じた指導」が主張されていますが，それがここでいう「個人差」を重視する反面，「個性」への配慮に不足しがちな点も注意が必要です。

(3) 学習意欲を高める工夫

問題を抱えたクラスであろうとなかろうと，生徒が英語を嫌いになる最大の理由は，「わからないから」です。「やる気」はあっても「わからない」と感じてしまうと，急速に意欲を失うのです。それを防ぐにはまず，難しい目標を立てず，少し努力すれば到達できる活動や課題を与え，達成感を持たせることが重要です。さらに，これまでに説明した動機や学習者要因に配慮して，個々の生徒のやる気や困難点を共感的に理解することが大切です。具体例は，本章末の実践レポートを参照してください。

さらに生徒が授業に参加しているという意識を強めることができれば，受け身的な授業から脱することができます。瀧口（2003）は，授業の中で生徒が①考えること，②動くこと，③表現すること，の3つが「参加」の持つ意味であるとしています。英語に対する「学習意欲」という観点からすれば，特に③は生徒が英語で自己表現できる喜びを体験できるので，最も重要です。「抑制」や「動機」という観点からすると，生徒に自己表現用のポートフォリオを用意させるのも有効的です。自分の作品だけでなく，友達や教師からの励まし，それをもとに書き直した作品や自分の感想などを綴じさせ，ときどき振り返らせると，進歩が見えて自信を育成することにもなります。

2. 検証のしかた

学習意欲の検証方法は，具体例が17ページにありますので参照してください。生徒の学習意欲を理解するには，まず教師の主観的な判断によ

るものでなく,例えば「声が小さい」「宿題をやってこない」「活動に参加しない」などの事実をできるだけ客観的に把握し,データとしてまとめる必要があります。データ収集の方法としては,授業観察,アンケート,インタビュー,日記などが挙げられます。

授業観察やアンケートはクラスの全体像をつかむのに有効的ですが,生徒1人1人の心理状況を把握するには,インタビューや生徒の書いた日記も重要な情報を与えてくれます。生徒の現状だけではなく,なぜその状況に置かれているのかという「過程」が見えてくるからです。英語を習い始める段階から全く「やる気」を示さない生徒はいません。今,生徒たちに「やる気」が感じられないとしたら,彼らの過去に何かきっかけや理由があってそのような状態に陥ってしまったのです。

データが集まったら,声はどれくらい出ているのか,宿題は何回くらいやってきているのか,活動に参加しているのは何人くらいいるのかなど,数量化できるものは数字にして表し,生徒の心理状況や授業内態度など質的にしか把握できないものはできるだけ具体的に実態を描写しておきます。そして1つ1つの問題を解決するためにはどのように授業を改善し,工夫したらよいかを考えます。そうすることで,リサーチを行う前と後とでは,どのようなやる気の変化が生徒の中に生まれたかが,より明確になります。

最後に,「学習意欲」に関する学問的な研究は結論が出ていない問題が多く,その成果をすぐに教室で生かせるものは少ないのです。このことを逆に言えば,教室での実践研究の集積によって,この分野の学問的研究にも寄与できるということでもあります。

3. 教員研修で行われたアクション・リサーチ（概要）

> **ケース１**
> 自ら積極的に授業に参加し，考え，英語を理解しようとする授業の雰囲気をどのように作り出すことができるか？　　（公立高校２年）

(1) **事前調査（５～６月）**

　授業を観察したところ，生徒の多くが，日本語に訳すことが英語を勉強することだと思っている。読み方を知らない語が多いため，声を出すことを恥ずかしがり，それがさらに読めないことにつながっている。初歩的・基本的な問題は解けるが，応用力は低い。アンケート調査をしたところ，授業に満足している生徒は少なく，自ら「こうしたい」という前向きな意見がほとんど見られなかった。

(2) **仮説の設定**

〈仮説１〉　音読練習を全員で何度も行う時間を毎回とれば，統一感のあるクラスの雰囲気ができる。

〈仮説２〉　テストの内容を明確に，かつ早期に示すことで，早い時期から目的を持った学習ができるようになる。

(3) **実践と検証（９～３月）**

〈仮説１〉　授業を「訳読式」から「音読式」へ変えたら，声も恥ずかしがらずに出し，教科書２ページ分は暗記し，積極的な姿勢が見られた。

〈仮説２〉　ねらいを明らかにしたテスト案を最初に作り，それにたどりつく小テストを行ったところ，勉強の目標を意識した授業参加が増えた。

〈佐野先生のコメント〉

　最初は消極的に見えた生徒も，この実践で授業の目標が明確になり，何をこの時間に学習しなければならないかを意識して学習し，それが小テストでチェックされ，その集大成として単元のテストがあれば，動機づけの中の「道具的動機」と「帰属理論」の両方にサポートされ，意欲的になったと思われる。

> **ケース2**
> 話すのが恥ずかしい，間違うことが嫌だと感じている生徒を，どうすれば英語に意欲的に取り組ませられるか。　　　（公立中学2年）

(1)　事前調査（4月）
- 実力テスト：平均点42.6点，80点以上0人，30点以下7人
- 自己評価：「授業に対して自ら進んで取り組んだ」と答えた者は全体の25％，「新しくわかったことやできるようになったことがあった」は34％，「先生の説明や例がわかりやすかった」は25％

(2)　仮説の設定
〈仮説1〉　休み明けや週明けに，ウォーミングアップとして身近な事についての質疑応答を行えば，意欲が増すだろう。
〈仮説2〉　授業で習ったことを，できるだけ日常的な場面を想定したALTとの会話での自己表現につなげれば，意欲が増すだろう。
〈仮説3〉　自己表現活動につなげるために英語劇に取り組ませれば，自分の英語力に自信を持たせることができるだろう。

(3)　結果（9月）
　生徒は意欲的に取り組みだし，自己評価もより肯定的になった。英語劇の感想も，「覚えるのが大変だったけど楽しかった」「みんなで劇ができてよかった」「練習の時できなかったところが本番ではできた」など，頑張りを評価する内容が多かった。9月の実力テストでは，平均42.8点と多少は上がったが，逆に30点以下が7人から11人に増えた。全体としては意欲的にはなったが，自己評価の結果はあまり変わっていない。

〈佐野先生のコメント〉
　生徒に意欲的な取り組みが見られ始めたが，まだ，発展途上という感じである。これをスピードアップするには，teacher talk，音読，教師と生徒の会話などをより日常的に取り入れるとよいだろう。英語劇もよいアイディアだが，単発で終わるとあまり意味がない。むしろ，より手軽にできるスピーチなどの活動に取り組んではどうだろうか。

4. アクション・リサーチの実践レポート [1]

> **テーマ**
> アドラー心理学と音読・筆写活動を通じて，苦手意識を持った生徒の英語力を伸ばすアクション・リサーチ　　　（公立高校１年）

(1) 研究の背景

　基礎的な文法力もないし単語力もない生徒に，どのような授業を展開していくかで悩む先生方は多いのではないだろうか。中学校のときに英語に苦手意識を持った生徒に，どのように学習を促し支援していくかは，体験した人でなければわからない大きな課題である。

　私の勤務校も前任校も英語が苦手な生徒が多く入学する学校で，英検３級を持っている生徒はほとんどおらず，中学校で学習した内容の定着率も高いとはいえない。苦手教科が英語，という生徒が多い学校である。

　その一方で，生徒は本当に英語がわからなくていいと思っているのか，とインタビューをしたところ，できることなら英語がわかるようになりたいと思っている生徒が90％を超えている。では，その気持ちがどこでなくなるのかと聞くと，「授業で文法用語を使われたとき」とか「何を授業で説明されているのかわからなかったとき」という答えが多かった。もちろん，生徒の「学習不足」が英語の学力が上がらない原因であることは当然だろう。しかし，苦手意識を持った生徒が感じる英語への「壁」を少しでも低くすることを考えることも，私たち英語教師の大きな仕事だと思う。そして「自分にもわかった」，という体験を通じて，生徒が自己尊重意識を持てたり，達成感を感じられたりするように援助することができれば，それは生徒にとって大きな財産になるだろう。

　このような思いを基本に，アクション・リサーチを行った。

(2) 問題の確定

　授業の方法だけを考えても，生徒と関係がとれていなければ絵に描いた餅になってしまう。そこで，生徒とのスタンスも次の４点を意識的に

大事にした。1つ目は，生徒の「居場所」を大切にすること。2つ目は，生徒を尊重すること。3つ目は生徒に「責任」を学ばせること。そして最後に，やる気を導く勇気づけをすること。

これらはアドラー心理学をベースとしている。アドラー心理学とは，学校などでの対人関係作りにとても有効な心理学である。この土台の考え方は「他者を支配しないこと」と「他者に関心を持って相手を援助しようとすること」である。

この点については紙面の関係で詳しく説明ができないので，参考文献をご覧いただければと思う（野田・萩 1989，和井田 2004）。教授法など方法論も大切であろうが，生徒との接し方はその方法論の土台となることなので，それと同等に重要なものだろう。

(3) 事前調査と仮説の設定

入学時の生徒の英語力は高いとは言えない。入学直後のテストの結果によれば，基本語1,000語は選択肢があれば意味はわかるが，選択肢がなければわからない，英検も4級レベルだと65％程度の正解率だが，3級レベルになると40％程度になる，ということがわかった。

そこで次のような仮説を立てた。

〈仮説〉 1年生を対象に音読と筆写中心の授業を行うことで，生徒の学力があがるだろう。1学年終了時に英検3級の一次試験に半分が合格できることを目標とする。

対象は，私が担当することになった103名である。

音読と筆写は，英語の達人と呼ばれる人たちが薦める方法である（國弘 1999）。そして，多少時間がかかるかもしれないが，ほとんどの生徒が自分1人でできる学習方法でもある。人前で発表したり，他の人と英語で話す必要もないので，恥ずかしい思いをすることもない。また，生徒は今までに音読や筆写をした経験がほとんどないので，「今までとは違った方法で，もう一度チャレンジしよう」と促すこともできた。

生徒の反応は「音読や筆写なんかで英語ができるようになるの？」と

いう反応が多かったので，「英語の達人と呼ばれている人たちはみんな音読をしているんだよ」とか「音読をすれば頭が活性化するんだ」，「筆写が大事だとこの人は言っている」と，その効果が報告されている新聞記事や書籍を紹介し，繰り返し生徒に伝えるようにした。

(4) 計画の実践と仮説の検証

　授業では，文法的な説明にかける時間をできるだけ短くし，「理屈はあとからついてくる」と生徒に話し，とにかく何度も音読や筆写を行った。音読と筆写の準備段階として，リスニングも少なくとも4回は行い，文法用語を極力使わない解説を心がけた。そして，生徒は内容をしっかりと把握した上で，音読ができるようにした。

　1時間の授業で，音読はコーラス・リーディングも入れて，最低でも4回，筆写は2回入れた。また，自宅での復習も，音読と筆写を促した。恥ずかしい，わからないという意識があるので，大きな声で読む生徒は少なかったが，音読・筆写の大切さを何度も繰り返し伝えることで，これらの作業を行う生徒が増えてきた。

　1学期終了時に点数の良かった生徒は，ほぼ全員が音読・筆写を授業以外で何度も行った生徒だった。また中間考査に比べ，期末考査で成績が急上昇した生徒も，それまで行わなかったこの作業を試験前に行っていたことがわかった。次の2点について，生徒にアンケートを行った。

　Q.　高校入学後に英語を勉強するようになったか？
　　　Yes：66%　No：34%
　Q.　授業でよかったことは何か？
　　　音読：54%　筆写：40%　その他：6%（特になし，小テスト）

成績で80点以上を取った18人に限定すれば，全員が「勉強するようになった」と答えており，その多くが「音読・筆写ともに役に立った」と答えていた。その一方，40点未満の15人のうち「勉強するようになった」と答えた生徒は3人で，音読や筆写を自宅では行っていないことがわかった。学習しない層を少しでも学習する方向に支援することができない

か，ということが課題となった。

そこで2学期から，授業の始めに前時の英文を3分間音読する時間を作り，本文を5回以上音読させるようにした。また，宿題として前時の英文を5回書いて提出（5回レポート）させることも併せて行った。これにより学習をするきっかけを作り，音読と筆写の回数をさらに多くすることができた。

両方とも最初は生徒から「めんどくさい」というネガティブな声もあったものの，徐々に音読の声も大きくなり，5回レポートの提出率も70％を超えるようになった。そして，宿題を毎回提出している生徒からは「書いているうちに，スペルがわかり，内容も理解できるようになった」という感想を持つ生徒が多く出てきた。

学年末のアンケートで，「3分間の音読と5回レポートで英語がわかるようになった効果が感じられたか？」という質問に対して，生徒の回答は以下のようであった。

	効果があった	どちらともいえない	なかった	やらなかった
3分間音読	31%	60%	1%	8%
5回レポート	44%	37%	3%	16%

中学校時代よりも勉強するようになったと答えた生徒（47人/53%）に限定していえば，3分間音読については45%，5回レポートは57%もの生徒が「効果があった」と答えている。

そして，その生徒にどうして勉強するようになったかを尋ねたところ，
英語が面白くなった　　　　　　　23%
音読や筆写の大切さを知ったから　49%
宿題があったから　　　　　　　　28%
英語を勉強したいと思ったから　　23%　（複数回答）

という結果を得ることができた。これからも，具体的に学習方法を提示することが，生徒が学習を始めるためには大切だということがわかる。

(5) 検証と報告

　1年生の2月に英検3級の過去問題を生徒に受験させたところ，32%の生徒が一次試験を合格できる点数をとった。目標の「半分」には及ばなかったが，生徒には一定の力がつき，以前に比べると半分以上の生徒が学習するようになったと答えている。そして数名ではあるが，授業以外の場所で英語をさらに学びたいという生徒も現れてきており，中学校では英検4級すら合格しなかったのに，準2級に複数名が合格したことは，他の生徒にとっても「自分にもできるようになるかもしれない」と大きな励みになったようだ。

　「英語は大切だ」「しっかりと勉強しなさい」という100%正しいアドバイスはなかなか生徒の心に届かないことが多い。そうではなく，生徒が納得できる説明をし，学習の方法を具体的に提示することで，生徒のやる気を育てることができるのではないだろうか。もちろん，生徒全員が学習するようになることはとても難しいことだろうが，少しでも多くの生徒が学習するようになり，「自分にもできた」という達成感を持てるような支援をすることが私たちの大きな仕事だと私は思う。

（組田幸一郎）

5. アクション・リサーチの実践レポート［2］

> **テーマ**
> 工業高校での英語への苦手意識の克服を目指したアクション・リサーチ
> （公立高校1年）

(1) 研究の背景

本校は「ものづくり」教育を重視する、部活動が盛んな活気溢れる工業高校である。本稿は1年間（年度）にわたり、生徒数41名（男子36名、女子5名）の1年生のクラスで、週3時間（1単位50分）設定されている英語Ⅰの授業で行ったリサーチの報告である。

(2) 予備調査
①生徒の観察

まず、1学期当初の生徒の授業参加状態をより詳しく観察し、各生徒を以下のように分類した。

集中して参加している生徒	15%
大半は集中して参加している生徒	30%
時々しか参加していない生徒	40%
全然参加していない生徒	15%

「英語授業のしやすいクラス：5段階評価試案」（佐野 2002-2003）によれば、第2段階の中の少し良質なクラスと言える。

②アンケート調査

次に、高校入学前までの英語学習に対する意識調査を目的に、最初の授業時にアンケート（記名式）を実施した。

「あなたは英語の授業が好きですか」との問いに対しては、「嫌い」「どちらかというと嫌い」との答えの合計が49%、「あなたは英語が得意ですか」との問いに対しては、「苦手」「どちらかというと苦手」との答えの合計が71%という結果となった。

③実用英語技能検定模擬試験（6月）

生徒の英語力を詳しく調べるために6月に実用英語技能検定（英検）の過去問題を用いてテストを行った。生徒は自分の実力を考えて，3級か4級のいずれかを選択した。その結果は表1のとおりである。（分野別得点率は省略。）

表1．英検の合格レベル（65%）に到達した生徒の人数とその割合

級	合格人数/受験者数
4級	8/14（57%）
3級	5/25（20%）

予備調査の結果からリサーチ・クエスチョンを次のように設定した。

> 英語学習への意欲を喚起し，苦手意識をなくすにはどうしたらよいか。

(3) 仮説の設定

下記の仮説を設定・展開し，各学期末にその検証を行った。

〈仮説1〉 授業中のルールを明確にし，授業外でも明るく開放的な態度で声がけをして個々の生徒との人間的な接触を持てば，信頼関係が増し，生徒の授業への取り組みの姿勢が好転するだろう。

〈仮説2〉 中学校レベルの基礎的な語彙の指導を徹底し，音読や書写などの活動に時間を割いて，「わかる」授業を行えば，クラスの英語学習意欲が第2段階から第3段階へと近づくだろう。

〈仮説3〉 学習意欲があり，英検に意欲を持っている生徒もいるので，目指す級を自主的に選択させ，授業時間の中で定期的に説明や勉強の時間を保証すれば，英検を学習のゴールとしてクラス共通の目標に設定することができるだろう。

(4) 仮説の実践
① 〈仮説1〉の実践
1学期：1)「授業（活動）に参加する」という「授業のルール」を繰り返し訴えた。
　　　　2) ペアワークやグループワークを頻繁に取り入れ，クラスのムードづくりを意識した。
2学期：1)「授業のルール」を改めて何度も授業内で確認した。
　　　　2) 楽しいゲーム的要素のある活動を導入した。
3学期：第2学期と同じ。
② 〈仮説2〉の実践
1学期：1) 教科書に出てきた単語をクリスクロス・ゲームで復習定着させる活動を行った。
　　　　2) 本文のリスニングで聞き取った単語や表現を用いてoral interactionを行い，本文の概要を理解させ，細部はphrase readingを意識した直読直解により理解へと導いた。
　　　　3) 内容理解後はchorus reading, buzz reading, read and look up, overlapping, shadowingなどの音読活動を行った。
　　　　4) 本文等の書写指導，ノート点検を徹底し，評価に加味した。
　　　　5) レッスンの合間にvocabulary race, pictionary, 連想しりとりなどのゲーム的要素の強い活動で，英語学習の楽しさを体験させるとともに語彙力増強に努めた。
2学期：1学期の活動に加えてビンゴゲーム，音読テストを実施した。
3学期：1，2学期の活動に加えて，英文のファンレターを書かせた。
③ 〈仮説3〉の実践
1学期：1) 英検についての情報提供を行った。
　　　　2) 過去の問題を用いて，1次合格までの到達度を把握させた。

⑸ 仮説の検証
①授業観察
　生徒の授業への参加状況について調べたところ，表2のような結果となった。

表2．生徒の授業への参加状況の割合の推移

	1学期初め	1学期末	2学期末	3学期末
集中して参加している	15%	20%	35%	35%
大半は集中して参加している	30%	40%	35%	35%
時々しか参加していない	40%	35%	30%	30%
全然参加していない	15%	5%	0%	0%

　ここから，3学期末までに〈仮説1〉，〈仮説2〉は概ね達成したと判断した。

②アンケート調査（2学期末，記名式，一部抜粋）
　「あなたは英語の授業が好きですか」との問いに対しては，「嫌い」「どちらかというと嫌い」との答えの合計が41%，「あなたは英語が得意ですか」との問いに対しては，「苦手」「どちらかというと苦手」との答えの合計が63%であり，設定したリサーチ・クエスチョン「生徒の苦手意識をなくす」については，まだ遠く及ばない状況であった。
　普段の授業での理解度を尋ねた質問では，「よくわかる」「だいたいわかる」が合計30名（73%）と概ね良好であった。「あまりわからない」「まったくわからない」（11名）の数を今後いかに減らすかが課題となった。
　授業参加についての自己評価は，質・量ともに向上していることが再確認された。また，高校入学時と比べたときの自分の英語力に対して，大多数の生徒がなんらかの改善が見られると思うと回答した。

③定期考査結果
　筆者が受け持っているクラス同士で定期考査の平均点の推移を比べた

ところ，1学期と比べ，3学期の方が差がより小さくなった。（1学期中間8.6→3学期期末3.5：定期考査平均点の表は省略する。）

④外部模擬試験

6月と11月に実施した外部模擬試験のクラス平均点順位を比べたところ，相対的にやや順位を上げたことがわかった（表3）。

表3．外部模擬試験クラス平均点の順位

順位	6月実施	11月実施	2月実施
1	クラスA（69.2点）	クラスB（65.4点）	クラスA（64.1点）
2	クラスB（66.1点）	クラスA（62.6点）	クラスB（62.1点）
3	クラスC（64.5点）	クラスC（58.8点）	対象クラス（57.2点）
4	クラスD（63.9点）	対象クラス（57.6点）	クラスC（55.1点）
5	対象クラス（60.1点）	クラスD（57.2点）	クラスD（54.6点）
6	クラスE（56.0点）	クラスE（51.2点）	クラスE（52.8点）

⑤英検模擬試験

2月末に，6月に実施した模擬試験と同じ試験を実施し，その成績の違いを確認した（表4，5）。

表4．分野別平均得点率（%）（[ ]内は6月の予備調査の結果）

	語彙	文法	語句整序	読解	リスニング	合計
4級 （14人）	65.0 [72.8]	59.3 [62.1]	52.9 [61.4]	56.4 [64.3]	62.9 [58.2]	61.1 [64.5]
3級 （24人）	65.2 [*57.5]	59.6 [*52.0]	50.8 [*40.0]	71.3 [*47.1]	55.6 [*53.6]	61.2 [*52.7]

*2月実施試験で欠席者が1名いたため，6月の得点率を24名分で再計算している。

表5．合格レベル（65%）に到達した人数とその割合

	6月	2月
4級	8人（57%）	8人（57%）
3級	4人（17%）	11人（46%）

3級受験者は6月と比べ，ほとんどすべての分野で平均得点率が著しく伸びた。特に語彙分野と読解分野は65%をクリアし，総得点で合格レ

ベルに到達した人数は倍増した。3級受験者の約8割の生徒が成績を伸ばしたことになり,中には26％以上も成績を伸ばした生徒もいた。

　一方,4級受験者の平均得点率はリスニング分野でやや伸びが見られたものの,その他のすべての分野で平均得点率が下がってしまった。4級受験者の半数以上の生徒が成績を落としたことになり,最大で20％落とした者もいた。この成績下降の原因の1つは,生徒の模擬試験を受ける態度が考えられる。6月に実施したときは当時の生徒の集中力と意欲を考え,45分の筆記試験を2回に分け,リスニングはさらに別に実施した。一方,2月実施の際は定期考査直前で授業時数を確保しなければならない事情があり,45分の筆記試験を1回で行った。このため,意欲に欠ける生徒は集中力が続かず,途中でペンを置く者もいた。例えば4級受験者の中で最大の20％もの成績を落とした生徒は,この年の第2回英検で3級に合格した生徒であり,十分に実力を発揮していないことは明らかであった。本当に英語力を落としてしまったのか,別の要素が関わったのか,見極めが難しいところであった。これは今回のリサーチの手法として反省すべき点であり,今後の課題としたい。

（米野和徳）

第7章 「少人数指導」をテーマにしたアクション・リサーチ

　少人数学級の指導には，2つの問題があります。1つは，クラス編成の問題で，習熟度別がよいのか，出席番号や生徒の興味・関心などで分割した集団がよいのかという点です。もう1つは，少人数クラスでは，一斉授業とは異なる指導法が必要ではないかという，指導法見直しの問題です。

1. 背景知識

　新教育課程がスタートして以来，教科の時間数が削減され，結果として学力低下が指摘されるようになりました。一方，これまで上限だと考えられてきた『学習指導要領』が，実は「最低基準」だという説明が文部科学省から出され，学校の判断で教科書の内容を越えた「発展的な学習」が可能となりました。そして，「基礎学力の向上」と「個に応じたきめ細かな指導」を目指し，少人数指導がスタートしたのです。

　外国語の学習では，クラスの人数が少ない方が効果的ではないかということは，以前から指摘されていました。その点，少人数での授業は喜ばしいことです。ただ，それが習熟度別学習とイコールかというと，そうではありません。習熟度別学習は，少人数指導の1つの形態に過ぎません。集団をどのように編成するかについては，各校で工夫されています。習熟度別編成の他には，出席番号で単純分割をしたり，生徒の興味・関心に応じて編成するなどの方法がとられています。

　どのような少人数集団がもっとも効果的であるかについては，意見の分かれるところです。佐藤（2004）は，アメリカでの研究を例に挙げて，

「習熟度別」の集団編成が，学力向上に有益でないことを指摘しています。そしてそれに代わるものとして，様々なタイプの生徒が共に学び合う「協同学習」を提案しています。他方，文部科学省の事業の1つである「学力向上フロンティアスクール」の実践研究では，「生徒の学習意欲が向上した」「基礎学力が定着してきた」などの習熟度別学習の成果が報告されています。ある学校で成功した事例が，そのまま他の学校にも適応するとは限りません。集団編成については，生徒の実態や授業のねらいに基づいて，各校で柔軟に対応していくことが大切でしょう。

少人数指導で見落とされがちなことは，教師の生徒との関わりかたや指導法の見直しです。従来の学級単位の一斉授業で効果のあった指導法が，少人数では機能しないことがあります。また，少人数の特性を生かして，個々の生徒への適切なアプローチも重要となります。今後の研究課題となるでしょう。

2. 検証のしかた

少人数指導の成果を検証する方法として，特別なものがあるわけではありません。ただ，より細かく生徒の実態をとらえ，記録を分析することによって，一斉授業では見られなかったような生徒個々の変容をとらえることが可能です。

少人数指導の大きな利点の1つは，生徒個々の観察がしやすくなるということです。Burns (1999) が挙げているnotes, diaries/journals, recording, transcriptionsなどの方法がより活用しやすくなります。これらの具体例は，佐野 (2000) に詳しく紹介されています。またアンケートによって，生徒の情意面の変化をとらえることもできます。このような観察やアンケートによる検証は，質的なデータ分析と言えます。ただし，「基礎学力の向上」をねらいとして授業改善を図るのであれば，質的なデータだけでは不十分です。テストなどの数値的データも必要となります。それによって，分析に客観性が生まれてきます。

3. アクション・リサーチの実践レポート［1］

> **テーマ**
> 習熟度別クラス編成で，効果的な少人数学級のあり方を探るアクション・リサーチ　　　　　　　　　　　　　　　　　　（中学3年）

　このレポートでは，私が指導主事として関係した「少人数学級」をテーマに取り組んだアクション・リサーチで，習熟度別クラス編成で成果をあげた2例の研究の概要を紹介する。ただ，習熟度別ではない，通常の少人数編成で成果を上げた学校もあったことを付け加えておく。

● ケース1「基礎・発展・応用の3コースでの習熟度別学習」

(1) 背景
　A中学校では，英語と数学を中心に習熟度別学習を実施してきた。英語科は3学年とも，生徒の希望を基に次のようなコース分けをした。
- 3学級の学年　→5集団（基礎×2，発展×2，応用）
- 2学級の学年　→3集団（基礎，発展，応用）

また，学年ごとにARのテーマを次のように設定し授業研究を行った。
　　〈全体テーマ〉　実践的コミュニケーション能力の育成
　　　　　　　　　～個に応じた指導の工夫～
　　〈第1学年〉「基本的な表現を定着させるために」
　　　　　　　　　　　　　　　　　　　　（speakingを中心に）
　　〈第2学年〉「意欲的に表現させるために」
　　　　　　　　　　　　　　　　（speaking, writingを中心に）
　　〈第3学年〉「豊かな表現を引き出すために」（writingを中心に）
　ここでは，第3学年の応用コース（18名）の実践を報告する。

(2) 問題の確定
①調査1：5月までの観察より
- 英語学習への関心・意欲は高く，授業中の挙手発言も積極的である。

- 文レベルでの言語知識を問う課題には正確に答えることができる。
- 既習事項を総合して文章を書く活動になると文法的にミスが多発する。

②調査2：5月実施のNRT検査結果より

5月に実施した教研式標準学力テスト（NRT）の結果（偏差値）は以下のとおりである。

領域	聞く	話す	読む	書く	総合点
クラス [全国比]	63.3 [+0.8]	69.6 [+8.1]	73.9 [+7.2]	59.0 [+5.9]	66.3 [+5.3]
全国平均	62.5	61.5	66.7	53.1	61.0

③調査3：5月実施のアンケート結果より（数字は人数）

活動内容	楽しい [わかる]	楽しくない [難しい]
CDや先生の英語を聞き取る活動 （聞くこと）	17 [9]	1 [9]
英語の質問に口頭で答えたり，英文を発表したりする活動　　　　　　　　（話すこと）	13 [12]	5 [6]
教科書などの英文を読み取る活動 （読むこと）	15 [13]	3 [5]
英語で文章を書く活動 （書くこと）	10 [7]	8 [11]

④調査結果からわかったこと

- 英語について高い学力を持ち，楽しみながら学習を進めている。
- 「聞くこと」については，難しさを感じている生徒が半数に達しており，NRTの結果にも表れている。
- 「書くこと」については，NRTでは4領域中，全国比が最も良い状態であるが，約半数の生徒が「難しい」「楽しくない」と考えている。これらの結果から，リサーチ・クエスチョンを次のように設定した。

> 文法的なミスの少ない，まとまりのある英文を書くことができるようにするためには，どのような指導が有効か。

⑶ 仮説の設定
〈仮説1〉 読む活動の中で語順を意識させれば，書く時にも語順を考えるようになり，文法的なミスが少なくなるだろう。
〈仮説2〉 書く活動を多くし，添削でフィードバックすれば，正確さへの意識が高まり，文法的なミスが少なくなるだろう。
〈仮説3〉 文章構成を考える時間を十分に設け，考えるヒントを与えれば，内容のある文章を書けるようになるだろう。

⑷ 仮説の実践と検証
① 〈仮説1〉の実践と検証
1) 読み取る文章にスラッシュを書き込ませる。
　　I/have lived/in Heiwa City/for five years.
2) 英語の語順通りに日本語訳を進められるように質問をする。
　　　I　　/　have lived　/　in Heiwa City　/　for five years.
　　誰が？　　何してる？　　　どこで？　　　　どれくらいの間？
80〜90％の生徒が，かなり複雑な文でも，主語と動詞句を正確にとらえるようになった。教科書レベルの英文については，〈仮説1〉は達成できた。

② 〈仮説2〉の実践と検証
1) 英作文の課題を与え，個別に添削をする。必要に応じて全体に間違いが多いところを指導する（授業時間内に行った）。
◇例：品物を説明する英作文
　　［生徒の作文］ It's called an *ema*. It's used wish for good luck.
　　［指導例］ ※when（接続詞）または不定詞の副詞的用法を使えば，
　　　　　　　　正しい文になることを個人及び全体で確認した。
2) 宿題として別の作文課題を与え，提出されたものを添削して返却する。
◇課題：箸，餅，座布団，鯉のぼりの中から，1つ選んで説明文を書く。
　　［生徒の作文例］ It's called a *zabuton*. It's used when we sit on

tatami. It's a kind of *kussion*.

短期間での実践ではあるが，1）から2）への取り組みを続けるにつれ，文法的なミスは減少した。1学期の期末テストの作文問題では，11点満点のところ，本コースの平均は8.9点（最高11点：最低7点）であった。

③ 〈仮説3〉の実践と検証

「夏休みの出来事」というトピックで，どんな要素を盛り込むことが必要かを考えさせた（行き先，目的，誰と，など）。その後，並べる順序を検討する時間を与えた。すると，多様な内容のまとまりのある文章が書けた。

今後の課題としては，いかに生徒の日常において必然性のあるライティング・タスクを与えるか，誰に向けて，何の目的で，どんな場面で書くのかを吟味し，よりコミュニカティブなライティングに取り組ませたい。

●ケース2 「基礎・標準・発展の3コースでの習熟度別学習」

(1) 背景

B中学校でも英語と数学の習熟度別学習を実践している。コース分けは，ガイダンスを経て，生徒の自己決定によって次のように決めた。

・2学級→3集団（Advance（発展），Regular（標準），Elementary（基礎））

(2) 問題の確定と実践

B中学校の実践では，仮説の代わりに，次のような英語科共通の研究視点をもち，各コースの実態に応じた指導を行っている。

Ⅰ．興味・関心をつなぎ，広げていくための教材開発やコミュニケーションの場を設定する。

ⅰ）生徒の興味・関心に即し，かつ題材の言語材料や背景となるト

ピックに合った学習課題の設定
ⅱ）生徒が単元の学習課題のどの部分を学習しているのかを意識できるような指導計画の立案
ⅲ）習熟度に応じた教材開発と支援計画
ⅳ）学習して身につけた技能や知識を発揮できるようなコミュニケーションの場の設定
Ⅱ．主体的な学習を促す学習形態と評価を工夫する。
ⅰ）単元計画への習熟度別学習の効果的な位置づけ
ⅱ）自己評価カードによる学習の振り返り

(3) 実践の結果

過去２年間のCRTでの観点別評価の推移を年度ごとに比較したところ，以下のような結果となった（数字は％，A～CはCRTのランク）。

〈コミュニケーションへの関心・意欲・態度〉

	A	B	C
１年時	59	26	15
全国平均	44	39	18
２年時	74	18	8
全国平均	64	25	11

〈表現の能力〉

	A	B	C
１年時	60	26	14
全国平均	52	24	24
２年時	61	26	13
全国平均	43	28	30

〈理解の能力〉

	A	B	C
１年時	57	36	7
全国平均	49	31	20
２年時	66	23	11
全国平均	46	33	21

〈言語・文化の知識・理解〉

	A	B	C
１年時	60	32	8
全国平均	45	38	17
２年時	59	22	18
全国平均	36	29	35

(4) まとめ

Ｂ中学校では，各コースの生徒の様子や，公開授業，そして客観テス

トの結果から，習熟度別学習の成果と課題を次のようにとらえている。

【成果】
- コース別の達成状況を見ると，「関心・意欲・態度」では，どのコースも高いレベルを示している。これは，等質集団で安心して学習できるという，習熟度別コースの良さのあらわれと考えられる。
- 他の領域でも，標準・基礎コースの生徒がA段階に到達している点から，習熟度別学習の効果が認められる。特に，基礎コースの言語知識の定着に大きな効果が見られた。
- 全国平均では，学年が上がるにつれて，各観点の達成率が下がる傾向にあるが，B中学校では学年の進行に従って上がる傾向にある。
- A段階の生徒の増減を比較すると，「表現の能力」「理解の能力」「言語・文化の知識・理解」で学習の成果が上がっている。

【課題】
- 生徒が十分にコースのレベルを理解して選択しているとは言えない。
- 教え合いや練り合いの効果を高めるため，習熟度別クラスを固定せず，学習展開や形態の使い分けを工夫してきたが，たとえば，特に基礎コースにおいて，他の生徒のすぐれた発表から学ぶという機会が得にくいといった点や，また教師側の問題として，(特に経験の浅い若い先生方について，)少人数に慣れきってしまうことなく40人学級もきちんと指導できる力を身につける必要がある点など，今後一層の工夫の余地がある。
- 教員数等の変化により，保護者・生徒からの要望が多いにもかかわらず，継続した実施ができない学年があった。

＊

以上，2校の実践の概要を紹介したが，習熟度別学習を実践している先生方で共通して話題となったのは，次の3点である。

①コースを担当する教員間で，指導法の情報交換をする必要がある。

　経験年数や個性のちがう教員が指導にあたるので，教材レベルで十分に情報交換をして，英語科教員の研修の機会とすることが大切である。

②**学級集団で学ぶ機会が減少し，学級経営上の不安が残る。**

　習熟度別学習を進める上で，当然出てくる課題である。しかし，学級という枠にとらわれず，学年の教師集団で生徒を育てなければならない。また，学級活動，道徳の時間等を充実させることが重要になってくる。

③**コースごとに教材や指導法が微妙に違ってくる場合，単元ごとに予定している評価活動が難しい。**

　外国語の場合，単元ごとに行った評価結果を平均したものが総括評価とはならない部分がある。単元の評価は，教師が指導法を振り返り，次の指導法改善に生かすものとしてとらえた方がよい。とりわけ表現の能力と理解の能力については，学期末に既習事項を組み合わせたインタビューテストのような総括評価を実施するのが実際的である。

（奥山竜一）

【佐野先生のコメント】

　2つのARの実践を読んで，習熟度別の長所と問題点の一部が見えてきた。この点は，奥山先生が最後にうまくまとめている。興味深いのは，B校の実践で，学年が上がるにつれて習熟度別の良さが出ている。ただ，この学校は習熟度を固定して考えずに，生徒が自由に出入りできる形で運用している。また，教員の指導力という問題もあるだろう。ある実践の成果は，注目を浴びている表（ここでは習熟度別）の部分よりも，隠れた日々の指導に負うところが大だと思うのである。

4. アクション・リサーチの実践レポート［2］

> **テーマ**
> 出席番号を活用して，各学級を2集団に分けた少人数指導における
> アクション・リサーチ　　　　　　　　　　　　　　（公立中学1年）

(1) 問題の確定

　『学習指導要領』（平成14年度実施）において，「実践的コミュニケーション能力の基礎を養う」ことが，外国語科の目標に掲げられている。ここで言う「実践的コミュニケーション能力」とは，実際の場面で外国語を運用することができる能力であり，特に中学校段階では，「聞くこと」や「話すこと」などの音声によるコミュニケーション能力が重視されている。しかし，必修教科としての週授業数が3時間となり，コミュニケーション能力を育成していくには厳しいというのが現状ではないだろうか。それを打開していくための方策の1つとして，少人数指導を取り入れた。少人数集団で学習形態を工夫することによって，これまで以上にインタラクション（教師—生徒，生徒—生徒）を活性化し，コミュニケーションとしての「英語使用」の量を増すことをねらいとする。それが生徒の「実践的コミュニケーション能力の基礎を養う」ことにつながると考える。

(2) 仮説の設定

　これまでにビデオ撮影した自分の一斉授業を分析すると，1レッスンの学習において，生徒のコミュニケーション場面での「英語使用」の量は，授業全体の約25％であった。週の授業時数が3時間となった今，この比率は「実践的コミュニケーション能力の基礎を養う」ために十分とは言えない。
　そこで，次のようなリサーチ・クエスチョンを設定した。

> どのような授業スタイルを取り入れれば，コミュニケーション場

面での生徒の「英語使用」の量を増やすことができるか。

　その対策として，少人数指導を導入した。そして，少人数集団で学習形態を工夫することによって，インタラクションを活性化することができるだろうという考えに基づき，次のような仮説を立てた。

〈仮説〉　少人数集団において，教室空間を広く活用したペア・グループでの言語活動を授業の中心に据えることによって，インタラクションが活性化し，生徒の「英語使用」の量を増やすことができるだろう。

　ここには，全員が机を黒板に向けて並べて行う，いわゆる教師主導型の一斉授業の形態を見直していきたいという考えが根底にある。インタラクションには，それにふさわしいスタイルがあり，教室空間を最大限に活用した生徒中心型の言語活動を工夫していきたいと考えた。

⑶　仮説の実践

　第1学年（各学級を出席番号で二等分した少人数集団，各集団は16～17名）で，*New Crown English Series 1*（三省堂）の Lesson 7 "Chinese and Japanese" を6時間扱いで実践した。この学年には，全体的に和やかな雰囲気があり，学習意欲の高い生徒が多かった。しかし，コミュニケーションに関しては，どのクラスにも消極的な生徒が数名おり，人前で英語を話すことに抵抗を感じていた。

　実践した授業の主な内容は次の通りである。

　　　1st period　・Pair Small Talk / Introduction of New Language
　　　　　　　　　・Material 'can, can't' / Practice (T-S Interaction)
　　　　　　　　　・Information-sharing（Pair・Group Interaction）
　　　2nd period　・Pair Small Talk / Review（Self-expression）
　　　　　　　　　・Introduction of New Language Material 'Can～?'
　　　　　　　　　・Practice（Pair Interaction）
　　　　　　　　　・Information-sharing（Group Interaction）
　　　3rd period　・Pair Small Talk / Review（T-S Interaction）

	・Oral Introduction of Section One / Understanding of the Story / Reading Aloud
4th period	・Pair Small Talk / Review (Reading, T-S Interaction)
	・Oral Introduction of Section Two
	・Understanding of the Story / Pair Reading
	・Preparation for Show and Tell
5th period	・Pair Small Talk / Review (Reading, T-S Interaction)
	・Oral Introduction of Section Three / Understanding of the Story / Pair Reading / Practice for Show and Tell
6th period	・Presentation (Show and Tell)

　この授業のポイントは，新しい言語材料である助動詞 (can) を活用したコミュニケーションとしての「英語使用」の場面をいかに作っていくかということである。そこで，反復練習や音読などの基礎的な学習活動も決して疎かにすることなく，授業全体の40～50％にコミュニケーションとしての「英語使用」の場面を設定していくことを試みた。

　インタラクションを活性化するための1つの方策として，学習内容によって，主に図1（次ページ）のような座席の配置を工夫した（○は生徒，●は教師）。

　またこの他に，自分たちで教室内を移動して自由に決める位置どりも取り入れた。また，活動ごとにペアやグループのメンバー替えを行い，インタラクションの活性化を図った。

(4) 仮説の検証

　指導計画6時間分の授業をビデオに収め，3秒ごとにコード化 (6,000コマ) し，次の4つのカテゴリーに分類して，全授業におけるそれぞれの比率（数字は％）を求めた。

第2部　テーマ別アクション・リサーチの進め方

```
全体：半円形          全体：円形          全体：向かい合わせ
```

〈主な活動〉
・Oral Introduction
・Read and Look-up
・T-S Interaction
・Presentation
　(Show and Tell)

〈主な活動〉
・Chorus Reading

〈主な活動〉
・Chorus Role Play
・Self-expression

```
ペア：向かい合わせ    ペア：横並び        グループ：円形
```

〈主な活動〉
・Small Talk
・Pair Role Play
・Information-sharing

〈主な活動〉
・Chorus Reading
・Interview

〈主な活動〉
・Information-sharing

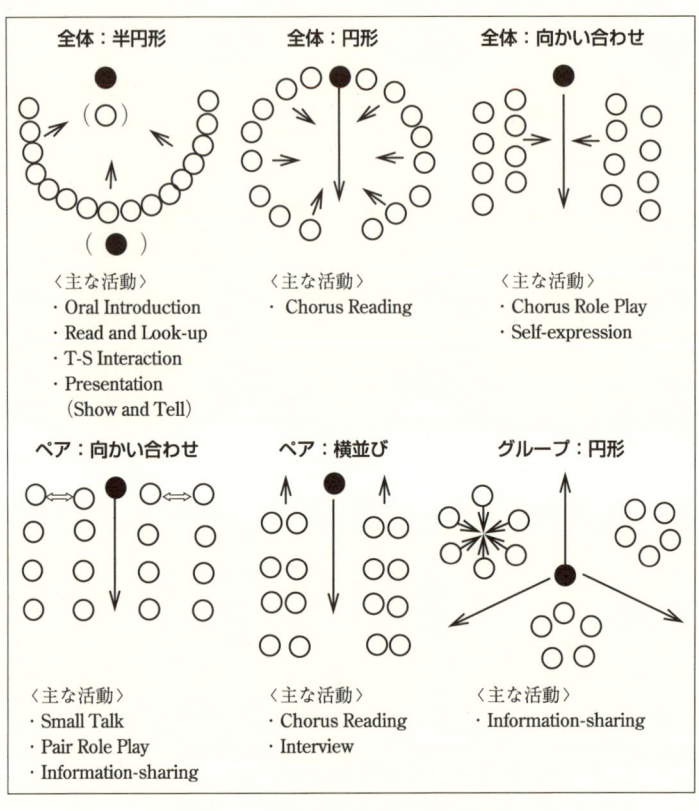

図1．学習内容に合わせた座席の配置

〈カテゴリー〉
　A：教師の説明や指示など
　B：基礎学習（反復練習・音読など）
　C：インタラクション（教師―生徒，生徒―生徒）
　D：その他

	A	B	C	D
一斉・教師主導型の授業	28.5	26.5	25.3	19.7
少人数・生徒中心型の授業	13.7	32.7	42.1	11.5

この結果から，教師主導型の一斉指導から，生徒中心型の少人数指導に切り替えることによって，インタラクション（C）の比率が，16.8%（25.3→42.1%）増加していることが分かった。また，教師の説明や指示（A）を簡潔にしたこと（28.5%→13.7%）や活動の切り替えがスムーズになったこと（D）（19.7%→11.5%）などにより，生徒の「英語使用」の時間を増やすことができたと考えられる。

〈検証結果〉

　少人数集団において，教室空間を有効に活用したペア・グループでの言語活動を授業の中心に据えることによって，インタラクションが活性化し，生徒の「英語使用」の量を増やすことができた。

⑸　まとめ

　黒板に生徒全員が机を向けて行ういわゆる従来の教師主導型の一斉指導の授業スタイルを見直し，少人数集団において生徒中心型の学習形態に切り替えていくことによって，生徒の「英語使用」を大幅に増やせるということを検証することができた。また，自己評価表からは，生徒の学習意欲の向上を感じることもできた。インタラクションは，自己理解・他者理解にもつながり，英語学習の動機づけとなることもわかった。コミュニケーションに消極的だった生徒が「英語を話すときの緊張感がなくなった」とアンケートに書いていたことも印象的であった。

　このレッスンのまとめの活動として行ったShow & Tellでは，各生徒の自己表現力の向上が見られた。今後の課題としては，「量が質を生み出すであろう」という仮説に基づき，「英語使用の時間が増えることによって，生徒の実践的コミュニケーション能力が質的に向上していくだろう」という点を検証していきたい。

（関口和弘）

第8章 「小学校英語活動との関連」を探るアクション・リサーチ

　2003年から「総合的な学習の時間」の国際理解教育の一環として、小学校で英語活動を行うことが可能となりました。「日本人が英語と出会うのは中学校から」という根底が揺らいだ現在、中学側が小学校での英語活動の実態を知り、子どもたちにとってスムーズな学習のあり方を探ることが必要です。

1. 背景知識

　小学校の英語活動と中学校の英語教育の連携を考えるとき、忘れてはならない視点があります。それは、小学校の英語活動は「総合的な学習」なのだから中学の総合的な学習につながるものととらえるのか、それとも英語にふれるのだから中学の英語科につながるととらえるのかによって、連携の考え方が変わるということです。ここでは後者の視点から、アクション・リサーチを行う上で留意すべき点について考えます。
　まず、入学してくる生徒が小学校でどんな英語を経験してきたかを知る必要があります。小学校での英語活動の内容は、文部科学省から『小学校英語活動実践の手引き』が示されているとはいえ、基本的に各校にその指導法も指導内容も委ねられているので、自ずと千差万別となります。ですから、小学校の授業を参観し活動内容を理解し実態を把握することが大切です。と、同時に、小学校の先生の多くは自分が受けた中学英語教育のイメージが強く、今現在行われている中学英語を必ずしも理解しているとはいえません。小学校の先生に中学の現在の英語教育を見てもらう機会を作り、相互理解を図ることが大切です。小学校の英語活

動を参観するポイントを以下にいくつか示しますので，参考にしてください。

　まず，子どもたちの声が大きいことや表情がいきいきしていることに羨望をいだくかもしれませんが，そのことだけを過大評価しないことです。子どもというものは，相対的に声が大きく表情がゆたかなものなのです。中学生とは態度がちがって当たり前なのです。それよりは，この経験を積み重ねるとどうなるのだろう，どんな力が身につくのだろう，高学年になった時に，中学英語にむかって羽ばたくような思いをいだけるだろうか，という視点から見極めてください。

　次に，子どもがさらされている英語の質に目をむけてください。子どもたちにとって意味のある内容を含んだものかどうかが特に大切です。単によい発音かどうかより，英語でも情報のやりとりができるという手ごたえをもてるような質の英語にふれているかどうか，よく見てください。

　また，中学の入門期の指導にも工夫が必要です。子どもは，これまでに学んできた内容や方法を否定されると，自分が否定されたように感じてしまいがちです。せっかく小学校で身につけたことが中学で否定されたとしたら，意欲減退を起こすのも当然です。受容的に励ます姿勢を持つと同時に，「中学に来たら，英語でもっといろんなことができる」という気持ちにさせたいものです。

　さらに，大局的に，日本の英語教育の全体像をイメージすることも大切です。そのためには，英語教育の大目標を共有し，そこでの小・中・高・大の役割を考えるべきです。「社会に出たとき，こうであってほしい」という共通の目標に向かって，年齢に合った指導をすることが理想です。木に竹を接いだような英語教育では，学習者にとって負担なばかりでなく，混乱を起こしかねません。

　英語活動は，あくまで小学校教育の一部として有効に作用するものでなければなりません。中学校の視点を押し付けてもうまくいくとはかぎりません。真の連携を模索する時には，忘れてならないポイントです。

2. アクション・リサーチの実践レポート

> **テーマ**
>
> TPRを導入して，小学校英語活動との関連を探るアクション・リサーチ　　　　　　　　　　　　　　　　　　　　　　（中学1年）

(1) 背景と問題の発見

　浜北市では，平成12年1月から日本人英語講師が各小学校に派遣され，平均的には1年生から月1回程度の英語活動が行われている。それを受けて中学部会では平成15年度に，英語活動の成果を生かすための指導法の研究を開始した。その一環として，5月に市内の中学1年生にアンケートを実施したところ，英語活動を肯定的にとらえている生徒は5割であった。その結果を受けて，入学当初，約3か月かけてフォニックスの基本を指導しながら，Are you～？　Do you～？　などのQ&Aを中心としたwarm-up activitiesを実施した後，教科書を扱った。

　ところが，学年末の調査で，約7割の生徒がフォニックスの指導の意義は認めているが，英語を話すことには積極的になれなかったと答え，授業の観察でも同じ結果だった。結局，英語活動の成果を生かしきれたとはいえなかったのである。理由として，充分なインプットをしないで発話させたことや，意識的なフォニックスの指導が多すぎて，体験重視の英語活動との間に断絶を生じ，不安感を与えたのではないかと考えた。

　そこで，16年度は，フォニックスの時間をかなり削って，TPR（体を動かす指導法）を導入することを中心にARを実施した。リサーチ・クエスチョンは以下のように設定した。

> 　英語活動の成果の上に，生徒が積極的に発話する意欲や能力を伸ばすには，どのような授業を展開すればよいか。

　なお，このレポートは12月時点にまとめたものであり，一部の検証はこれから行う。

⑵ 仮説設定

〈仮説１〉 入門期にTPRを利用すれば，生徒は抵抗なく中学校の英語学習に取り組むことができ，かつ文脈の中で文や単語の意味を推測するリスニングの方略を身につけるだろう。

〈仮説２〉 教科書のターゲットの導入にもTPRの手法を用いれば，心理的な負担が減って理解が早まり，また，発話にも有利に働くだろう。

〈仮説３〉 小学校で培った，英語を音のかたまりとしてとらえる力を生かして，リズムよく，かつ，話し手の気もちを表現する読み方の指導を行えば，英語を声に出して読むことに抵抗がなくなり，発話の際にも有利に働くだろう。

〈仮説４〉 知っている語で，音と文字に関する基本的なルールを継続的に指導すれば，初見の単語や英文でも正しく音読できるだろう。

⑶ 〈仮説１〉の実践と検証

入門期の指導として，TPRとアルファベットの練習（10時間），動作をつけながらの対話４パターン（２時間），25の動詞を使ってのカルタとりと動作化（1.5時間）を行った。生徒の反応を観察すると，わかる単語から類推してかなり複雑な動作ができることを発見した。例えば，Write small "a" on the floor with your left hand. や，Draw a small apple on the right side of the tall tree with a red marker. という複雑な指示に対しても，ほぼ全員が正確に反応していた。また，聞く姿勢がよい，指示に素早く反応する，デモンストレーションを見ただけですぐに活動ができる，友達の劇を観てのリアクションが速いなどといった点もTPRの成果としてあげられよう。１学期末のアンケート結果（表１）も，TPRの効果を示している。

⑷ 〈仮説２〉の実践と途中検証

１学期は英語を聞いて，絵や実物を指す，動作化する，カードをとるなどの活動を行ってから，話す活動につなげた。また，scaffoldingの

表１．１学期末（７月）のアンケート結果（調査人数31人）
４：とても役に立った，３：役に立った，２：あまり，１：全く（数字は人数）

活動 ＼ 役に立った度評価	4	3	2	1
先生の英語の指示を聞いて体を動かしたり，絵を描いたりする活動	6	19	6	0
アルファベットの名前読みと音読みを勉強したこと	18	9	3	1
教科書の文に会話を付け足して劇にする活動 ※２人無回答	14	10	4	1

Ａ：とても楽しかった，Ｂ：楽しかった，Ｃ：あまり，Ｄ：全く（数字は人数）

活動 ＼ 楽しかった度評価	A	B	C	D
先生の英語の指示を聞いて体を動かしたり，絵を描いたりする活動	13	12	5	1
アルファベットの名前読みと音読みを勉強したこと	7	14	10	0
教科書の文に会話を付け足して劇にする活動	19	10	1	1

手法（途中まで文を言うなどしてインタラクションを図りながら，生徒が目標構文を発話するのを支援する手法）で言える部分を言わせるようにし，単調な繰り返しを避けた。この成果は授業で実感することができ，生徒も１学期末の感想に次のように書いている。
・体を動かすことが多く楽しんでできたし，そのおかげかしらないが，自然に英語を覚えていった。
・１学期の授業で基礎・基本がしっかりできた。
・先生が言っていることがよくわからないときがあったので，もうちょっと夏休みの間に勉強して分かるようにしたいです。
　２学期は，TPRに加えて，ピクチャーチャート等を使って，Q&Aで内容を確認したり，同じパターンの英文を繰り返し聞かせたりした。11月末に実施したアンケートの結果（下記・31人に調査）をみると，心理的な不安を減らし発話を引き出す上で，TPRの手法の成果があったといえる。
①先生が英語で話していることが，

ほとんどわかる（5人）
だいたいわかる（17人）
普通（3人）
あまりわからない（6人）
②先生の質問に対して，
積極的に答えている（6人）
時々答えている（9人）
聞かれていることはわかるが答えていない（6人）
聞かれていることはわかるが答えられない（9人）
聞かれていることがわからない（1人）

またフィールド・ノートにも生徒の成長の経過が見られる。たとえば，「How many～do you have?という練習の発展として，How many legs do dogs have?という質問をしたら，fourと答えたので，文で答えるように促したところ，Dogs have four legs.と答えた」（9月），「1文付け足して答えることをはじめて指導した際も，1度のデモンストレーションで十分であった。特に練習を積まなくても，1文付け足したり，相づちをうったりして会話を続けようとする生徒が多い」（10月），「インタビュー結果のメモを見ながら（動詞の使い方が正確でない部分もあったが）報告することができた」（11月），また，「ALTとのデモンストレーションで用いた質問を使って昨年のクリスマスやお正月について会話を続けようとする」（12月）など，積極的に話す姿勢が見られた。

⑸ 〈仮説3〉の実践と途中検証

1学期は，教科書の英文を，手拍子を打ちながらリズム読みした。9，10月は，最初のページから既習の部分までの教科書の音読から授業を始めた。また，入国審査の場面と進行形の導入の際には，ロールプレイを行い，気持ちを表現する読み方を指導した。

6月，9月に行った劇では，なめらかに英語を話し，間合いも適切であった。また，音読テストでは，「声の大きさ」「音調」「正確さ」に関

して，満足できる生徒は8割であった。また，フラッシュカードで単語の練習をした後すぐに本文を読ませても，意味的なまとまりやイントネーションを意識して読める生徒が多く，12月現在でも一斉音読の声が大きいことなどは，音読指導の成果と考えられる。

(6) 〈仮説4〉の実践

　授業の10分程度を用いて，松香フォニックス研究所発行の *Dr. Phonics' ABC* を使って，アルファベットの音読み，5つの母音，Eのついた母音，2文字子音を指導した。これ以外のルールは，フラッシュカードを使って単語を分析的に読む時に少しずつ提示しているが，これだけではフォニックスのルールが定着しないと思い，10月から，既習のルールの部分を先に言わせたり，音の足し算をしながら読ませたりしている。3学期には，教科書にない英文をどの程度読めるか検証したい。

(7) まとめ

　以上，TPRの導入によって，生徒の英語学習意欲や発表意欲は向上したと考えられる。11月のアンケートでも，最も伸ばしたい英語力として，前年度と比べると「話すこと」「書くこと」をあげた生徒が多かった。逆にフォニックスの指導が中途半端に終わっている。今後の課題である。

　ARを実践したことで，アンケートを通して生徒の思いを知り，活動をモニターする時に役立てることができた。また，「仮説」という形で指導目標が明確になるので，生徒の言動から指導法を改善することもできた。

（足立智子）

第3部

教員研修とアクション・リサーチ

　この章では，アクション・リサーチ（以下AR）が教員研修で効果を発揮している事例を4例を紹介します。

　第1章では，英語教員集中研修でARを実施した高知県のケースを紹介します。この研修のユニークな点は，1年間（実質は7ヶ月ほど）のARのレポートを全員がまとめ，それを冊子にして県内の全英語教師に配布する形を毎年取っていることです。

　第2章では，前年の英語教員集中講座でのARの実践に加えて，その受講者の中から人選して「コーディネーター」（各学校・地域の英語教育の牽引力となる指導者）育成講座を開講し，さらに1年間，今度はより組織的にARに取り組む試みをしている神奈川県の事例を紹介します。

　第3章では，市町村レベルの教育委員会が組織した英語部会でARに取り組んだ広島県三次市の例を紹介します。全くの手探り状態から始めたにもかかわらず，チームワークとリーダーの熱意でARの成果が研究部全員に共有され，授業改善につながっています。

　最後に第4章では，ARを実践して自分の授業を改善したいという教員が集まって発足した自主的な研究グループ「アクション・リサーチの会＠近畿」の活動について紹介します。

　ARを意義あるものとするには，それをサポートする体制の確立が不可欠です。研修計画を立てる際に参考にしてください。

第1章 英語教員全員研修でのアクション・リサーチ——高知県の取り組み

1. 研修プログラムの全体像

　2003年から5ヶ年計画で始まった英語教員集中研修は，全国の約6万人の英語教員を対象に，集中的に再研修を行うことにより，英語の実践的コミュニケーション能力を育成するための指導力を向上させることを主な目的としている。日程は年間10日間程度で，研修プログラムは各県が独自に企画することになっている。

　高知県では，「英語教員指導力向上研修 (Professional Development Seminar for EFL Teachers)」（主管　高知県教育センター）という名称で，集合研修（6日間）と所属校研修（4日間）を組み合わせた，通年のプログラムとして実施している。

(1) 達成目標

---

(1) 英語コミュニケーション能力の向上
(2) 英語教育における指導実践力の向上
(3) 自己研修能力の育成とOJD (On the Job Development) の定着

　本県の研修プログラム全体の達成目標は，教員自身の英語コミュニケーション能力の向上，教科教育領域における専門的知識の習得，及びアクション・リサーチによる授業改善の手法の習得の3点である。(3)の目標に対応したプログラムが「授業改善プロジェクト」である。このプロジェクトでは，参加者全員が所属校でアクション・リサーチ（以下AR）を行うことになっており，これが本県の研修プログラムの大きな特徴となっている。

　なお，平成16年度の年間研修計画は以下のとおりである。

日程	研修項目	内容
5月11日	オリエンテーション	・研修オリエンテーション ・アクション・リサーチの方法
5月〜7月	所属校研修	アクション・リサーチの実施
8月9日〜13日	夏期集中研修	【英語コミュニケーション能力】 ・英語力診断テスト（第1回） ・同時通訳訓練法 ・ディベート 【教科教育】 ・民間人講師による特別講演 ・コミュニケーション活動 ・テストと評価 【授業改善プロジェクト】 アクション・リサーチ中間報告
9月〜12月	所属校研修	・アクション・リサーチの実施 ・英語力診断テスト（第2回）
1月	研修報告会	アクション・リサーチ報告会

⑵ 研修プログラムの立案趣旨

　ARを柱とした通年のプログラムとした主な理由は，
　①与えられる研修ではなく，自らが課題に取り組む研修としたかったこと
　②現職教員の自己成長にはOJDが不可欠であると判断したこと
　③OJDは計画的，体系的な実施が難しいため，そのツールとしてARを採用したかったこと

などである。その根底には，10日間程度の研修では，指導力や教員としての資質を飛躍的に向上させることは困難だろうという判断があった。その後の教員人生において，自らの力で授業を改善し，力量を高めていくことのできる手法を身につけることをねらいとしたのである。言いか

えれば，ARを通じて，英語教員としての自己能力の開発（Faculty Development）の方法を習得してもらいたいということである。

2. 授業改善プロジェクトの概要
(1) 目指す英語教員像
　授業改善プロジェクトでは，受講者が具体的な到達点を共有できるように，「目指す英語教員像」を以下のように定めている。

> 〈授業改善プロジェクトの目指す英語教員像〉
> 　良質の英語を使った授業を展開することができ（REAL English Teacher），省察によって授業を改善する方法を身につけ（reflective practitioner），新しい英語教育の創造に自ら積極的にコミットする英語教員（self-directed teacher）

ここには，英語教員として備えてほしい3つの属性がうたわれており，この3つの観点から研修の成果を評価する基準も設けている。

(2) 授業改善プロジェクトの全体像
　授業改善プロジェクトの全体像は図1のとおりであるが，参加者がARを効果的にかつ容易に実施できるように，以下のようないくつかの工夫を施している。

①研修アドバイザーの招聘(へい)
　研修全体を効果的に企画・運営していくために，年間を通して佐野正之先生にアドバイザーをお願いした。依頼した内容は，研修課題への助言，オリエンテーションにおける講演，メーリングリストでの助言，研修報告会での講演等であった。

②研修課題の提示
　研修課題は，事前研修課題と研修課題（4回）の2種類を用意した。特に，4回分の研修課題は，それらを全て実施すれば，ARの流れがわかるように工夫した。

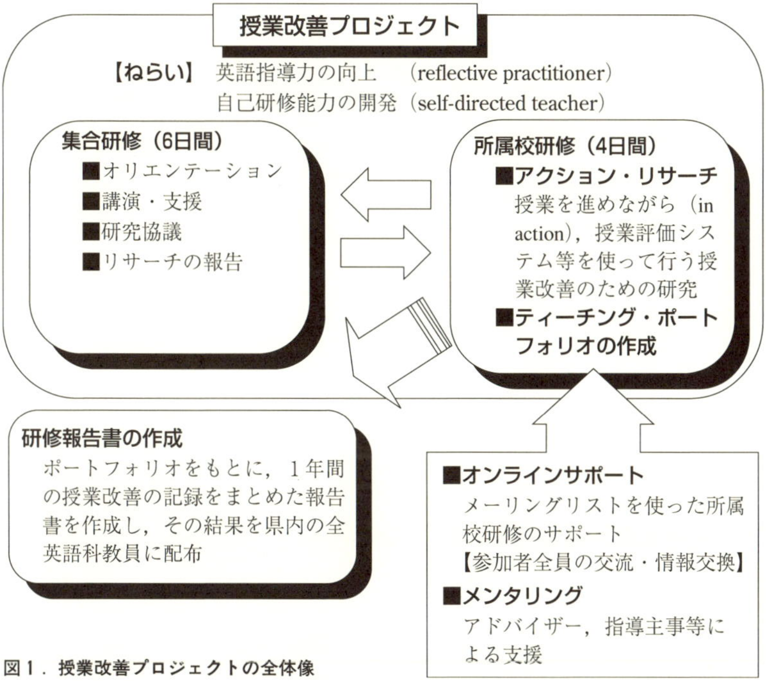

授業改善プロジェクト

【ねらい】英語指導力の向上 (reflective practitioner)
自己研修能力の開発 (self-directed teacher)

集合研修（6日間）
- オリエンテーション
- 講演・支援
- 研究協議
- リサーチの報告

所属校研修（4日間）
- アクション・リサーチ
  授業を進めながら（in action），授業評価システム等を使って行う授業改善のための研究
- ティーチング・ポートフォリオの作成

研修報告書の作成
ポートフォリオをもとに，1年間の授業改善の記録をまとめた報告書を作成し，その結果を県内の全英語科教員に配布

- オンラインサポート
  メーリングリストを使った所属校研修のサポート
  【参加者全員の交流・情報交換】
- メンタリング
  アドバイザー，指導主事等による支援

図1．授業改善プロジェクトの全体像

③ティーチング・ポートフォリオの作成

ティーチング・ポートフォリオとは，「ある一定期間行った教授活動に関するあらゆるものを，参加する教師自らが積極的に保管・整理することによって，教師としての自己成長の過程と結果を記録するシステム」（横溝 1999）で，ポートフォリオを作成することで，ARの取り組みを体系的，継続的にたどることができるようにした。

④受講者の支援システム

受講者全員のメールアドレスを登録したメーリングリストを用意し，ARを行うにあたっての疑問点や質問にメールで答えられるようにした。

加えて，実施2年目には，英語担当指導主事と前年度の受講者がメンターとなり，メンタリングを実施することにした。メンタリングとは，コーチングとも呼ばれ，「「聴く」「問いかける」「フィードバックを与え

る」という3つの基本的行為を通じて，メンティー（受講者）の内省活動の支援者，伴走者となること」（横溝1999）である。また，プロのコーチを招き，メンタリングのスキルを習得するためのワークショップも実施している。

⑤研修報告書の作成

　1年間のARの取り組みは，ポートフォリオという形で残っていくが，その内容をさらにA4判2枚に要約してもらい，研修報告書を作成した。要約版を作成することによって，1年間のARをより深く振り返ることができるようになると考えた。また，要約版を集めた冊子を編纂し，県内の英語教員全員に配布した。このことによって，ARの成果を県内の全ての先生方と共有することができることとなった。(注1)

3. 授業改善プロジェクトの1年間の流れ

　授業改善プロジェクトの1年間の流れは，次のようになっている。

4月	実施要項の配布（事前研修課題の配布）
5月	オリエンテーション
5〜7月	アクション・リサーチⅠ（課題1・2）
8月	中間報告会（4日間）
9〜12月	アクション・リサーチⅡ（課題3・4）
1月	研修報告会

ここでは，本プロジェクトの様子が，できるだけ具体的にわかるように，1年間の流れを時系列でたどって紹介する。

(1) 事前研修課題

　ARに取り組むレディネスづくりを目的として，参加者全員に事前研修課題を送付し，オリエンテーションの日に持参させた。事前研修課題には，(1)英語運用能力の自己分析，(2)自身の英語授業実践の振り返り，(3)リサーチ・クエスチョンの絞り込みのための設問の3点を用意した。(2)の「英語授業実践の振り返り」には，「英語授業観及び授業スタイル」「英語授業力に関する自己診断」「授業実践上の課題把握のための事前調

査」を含めた。これらによって，オリエンテーション当日には，自分自身の授業の現状と問題点をある程度明確にできていた。

(2) オリエンテーション

オリエンテーションでは，プロジェクトの1年間の流れを説明したあと，佐野正之先生に「アクションリサーチによる授業改善」というテーマで講演していただいた。講演では，ARとは何か，ARの具体例，ARをする上で助けとなる理論などについてお話いただき，最後に，年間スケジュールに沿った，具体的なリサーチの進め方をご教示いただいた。受講者の感想を見ると，ARに対して抱いていた不安が消えただけでなく，期待感が高まったようであった。しかし，この時点ではリサーチ・クエスチョンを十分に絞り込むことはできていないようであった。

また，基本的に3名を1組としたプロジェクト班を編成し，集合研修の際の活動班とした。

(3) 所属校研修：アクション・リサーチⅠ

「アクション・リサーチⅠ」は，提示された課題1・2をこなしていくことで，ARの流れをひと通り経験できるようにした。課題1では，「問題の確定」から「仮説設定」までを，課題2では「計画の実践」から「結果の検証」までを行うこととした。以下に，課題1の内容を転載する。

【課題1】

次の(1)～(4)を簡潔にまとめて，ポートフォリオに収めてください。その際，参考となる資料（学習指導案，ワークシートなど）も可能なものは全て添付して，具体的な内容が分かるように工夫してください。

(1) **研究の背景**

学校・クラスの紹介，日頃の授業の様子，課題・悩みなどを簡潔にまとめてください。

(2) **リサーチ・クエスチョン**

事前研修課題で取り上げた問題のうち，最も切実で関心のあるも

の1つに絞り，リサーチ・クエスチョンにしてください。
(3) 予備調査
　事前研修課題で実施した予備調査も含めて，次の①～③の3つの観点からクラスの現状を記述してください。
　①授業観察の結果
　②生徒の英語学習意識
　　（授業評価，アンケートなど）
　③英語力を示すデータ
これ以外にも，必要なものがあれば，含めてもかまいません。
(4) 仮説の設定
　予備調査の結果をふまえ，課題解決のための仮説と具体的な授業実践の方法を記述してください。
　①仮説
　　一気にゴールに到達することは難しいですから，いくつかのステップを踏むために3～4つの仮説を立てるとよいでしょう。
　②実践の方法
　　仮説検証のために，実際に取り組むことを，できるだけ具体的に書いてください。

　試行錯誤しながらも，何とか仮説を設定して，実践することができたようであった。

(4) 中間報告会
　8月に実施した集合研修は4日間の日程で，グループ別報告会を3日間行い，最終日に全体報告会を実施した。中間報告会のねらいは，お互いのリサーチを報告しあうことで，ARについての理解を確実にすることと，「アクション・リサーチⅡ」に向けての課題を明らかにすることであった。
　グループ別報告会は，オリエンテーションの時に編成した3名構成のプロジェクト班単位で行った。発表ではティーチング・ポートフォリオ

を示しながら、「報告者のルール」（後述）に基づいて、報告をしてもらった。各グループには、報告された内容や討議の内容をまとめるためのワークシートを記入させた。

全体報告会では、参加者全員とARを共有し、より多くの意見を聞くために、ポスターセッション形式とした。全体を3グループに分け、前の3日間に作成したワークシートをポスターとして掲げ、それを使って発表するようにした。

発表をより効果的なものとするために、報告者と聴衆のルールを作成した。ここでは報告者のルールのみ転載する。

【報告者のルール】[注2]
- 以下の内容を**ストーリーテラー**として、**時系列**に沿って、**自分の言葉**で正直に分かりやすく伝える。
    1. 自分の授業の実践内容
    2. 教師側・学習者側に生じたこと
    3. 教師が考えたこと、感じたこと
    4. 実践の向上のために参考にした文献やアドバイス等
- 自分は**一人称**「私」で、学習者は固有名（仮名）で呼ぶ。
- **上手くいかなかったこと**、失敗、落ち込み等も隠さず報告する。
- 質問やそれに対する答えが、**参加者全員に共有**されるように気を配る。

その結果、非常に和やかな雰囲気で、積極的な情報交換、意見交換が行われ、次のステップに向けて、有益な示唆が得られたようであった。

⑸ **所属校研修：アクション・リサーチⅡ**

「アクション・リサーチⅡ」では、ARのサイクルをもう一度実施してもらうことにした。課題3では、「アクション・リサーチⅠ」の成果と課題をもとに、修正した「仮説の設定」から「結果の検証」までのサイクルを行うこととし、課題4は、研修報告書に掲載するためのティー

チング・ポートフォリオの要約の作成とした。

(6)　研修報告会

　最終の報告会は，いくつかのグループに分かれ，1人1人が通常の研究発表形式で発表を行う。聴衆はコメント表に意見やアドバイスを記入することで，発表者に貢献するようにしている。

　報告会終了後，研修アドバイザーの佐野先生から1年間のまとめの講演をしていただくことになる。

4.　成果と課題

　最後に，平成15年度に実施した事後アンケートの結果の一部を簡単に紹介しておきたい。

　まず，受講者の意識の変容である。アンケートの4点満点のスケールで4及び3を選んだ者が，中学校，高校両教員とも80％を超えた項目は，「授業する楽しさを感じながら英語を教えることができはじめた」「生徒理解が深まり，生徒との関係も今までと異なる新しい見方ができている」「授業の目標や手段や評価について深く考察する姿勢ができはじめている」「アクション・リサーチによる授業改善の方法を理解し，多少なりとも実践できている」「課題としてあげた生徒の授業態度に改善の兆しが見える」の5項目であった。自由記述欄を見ても，アクション・リサーチに取り組んだことにより，生徒理解が深まり，授業を見つめる見方に変化があったとする意見が多くあった。

　一方，中学校，高等学校とも最も評価が低いのは，「リサーチをした領域について，専門的に知識が増えている」であり（中学49％，高校41％），ARをするだけでは，教科教育の領域について，専門的な知識の向上が図れたとは思っていないことがわかる。自由記述欄を見ると，「仮説，実験，結果，そして「それからどうする？」ができなかった。アドバイスが欲しかった」「リサーチ・クエスチョンの設定が難しかった。広がりすぎて，検証が不十分になった」という意見に代表されるように，課題がわかっても，それをどのように解決してよいかわからなか

ったという実態が浮かび上がってきた。やはり，専門的なアドバイスが不可欠であることがわかる。メンタリングなどによって，受講者の支援を充実させる必要があるということだろう。

5. おわりに

　本節では，英語教員研修において実施したARの取り組みを報告してきた。アクション・リサーチに対する参加者の評価も高く，ARが，受講者の意識改革や授業改善への意欲面での向上に貢献したことがわかった。概ね，望ましい効果をもたらしていると言ってよいだろう。また，「これからも引き続き，リサーチ・クエスチョンの旅を続けていきたい」「教師は学び続けていかなくては，と実感しました」といったような，これからの自己能力開発への意欲を表明した意見も数多く見られた。

　ARは本来，自らの授業改善への主体的な欲求に基づいて実施されるべきものである。しかし，研修のねらいを明確し，丁寧な支援を行うことで，悉皆研修における実施も十分意義あるものになると考えられる。受講者は，受講年度以降で必要を感じた時にはいつでも，自らの意思で実施できるようになるからである。

　教員研修でのARは，教員が生涯にわたり，自らの能力を開発しつづけていくための，「先行投資」的なものと言えるかもしれない。授業改善プロジェクトのような研修は，受講することで目的が達成されるわけではない。やっと出発点に立つことができたというだけである。これを足がかりにして，より長期的で実質的なリサーチにつなげてはじめて，大きな意義が出てくると言えるのでないだろうか。

（注1）この報告書については，高知県教育委員会のホームページで閲覧することができる。
　URL　http://www.kochinet.ed.jp/koukou/kenkyu/kochieigo/
（注2）このルールは，横溝伸一郎先生が，高知追手前高等学校における学力向上フロンティアハイスクールによる校内研修で使用したものを元に作成したものである。

（長﨑政浩）

第2章 コーディネーター育成でのアクション・リサーチ——神奈川県の取り組み

1. はじめに

　神奈川県立総合教育センターでは，平成13・14年度の2年間，「コーディネーター育成講座」の1つとして，「外国語教育・国際化コーディネーター育成」を実施した。この「コーディネーター」とは，学校全体で組織的に課題に対応するための専門的な推進役として，連絡・調整を行う教員である。この講座については，横浜国立大学の佐野正之教授（当時）に，スーパーバイザーとして，ご指導をいただきながら進めていった。

　受講者は県立高等学校の教員で，研修を通して，アクション・リサーチ（以下AR）による授業改善を行い，研究発表を行った。すべての受講者に対して，スーパーバイザーの佐野先生の細やかでゆきとどいたご指導のもと，個々の研究は大変充実したものとなった。コーディネーター育成講座の修了者が，この研究成果を所属校や地域に普及・還元していってもらうことで，「コーディネーター」そのものの役割についても，広く認識されるとともに，真の授業改善が具体化するものと考えている。

2. 神奈川県の英語教員研修とアクション・リサーチ

　平成14年度に文部科学省が提唱した「英語が使える日本人の育成のための戦略構想」に基づいて，神奈川県では，県内の県立・公立の全英語教員を対象に，「英語教員指導力向上研修講座」を5か年計画で実施している。この講座は年間10日間の，英語教授力と英語運用能力の向上を目指した研修プログラムであり，大きく3つのステージに分かれている。概要は次のとおりである。

　■1日目：基調講演と，グループ研究に取り組むためのオリエンテー

ション
- ■第1ステージ（2日目〜4日目）：英語教授力向上を目指した，大学の講師陣による講義とワークショップ
- ■第2ステージ（5日目〜8日目）：英語運用能力向上を目指した，外国人講師陣による少人数受講形式での集中研修
- ■第3ステージ（9日目〜10日目）：研究の成果の発表

　研修を通して，3〜4人のグループ別に，授業改善に向けた共同研究を進めていくことを，第1日目に提案している。共同研究については，教員が毎日の実践の中で進められるARの方法を取り入れており，第1日目の基調講演では，スーパーバイザーである佐野先生に「アクション・リサーチと教員研修」についてお話しいただいている。また，第2〜8日目には，日程の最後にグループ協議の時間を設けている。そして，1年間の研修の最後のステージでは，その共同研究の実践報告を行っている。

　この講座の第1日目で「アクション・リサーチ」をはじめて知ったという受講者もおり，10日間の研修だけでARを実践するかどうかについては受講者に委ねられている。しかしながら授業実践をしながら授業改善に向けての取り組みを行うとき，まず1人1人の教員が自らの授業を振り返るところから始めることがいかに大切であるかは，大多数の受講者が理解できたと考えている。また，そのことが，授業改善に向けた一歩を踏み出すきっかけづくりになっていると思われる。

　実際，研修後に実施した授業改善状況調査（第1回）の集計結果によると，授業に対する取り組みについて，「自分が行っている授業を評価し反省しながら，絶えず改善しようとする努力をするようになったか」という問いに対しては，88.4％の受講者が「改善した」と肯定的な回答をしている。また，「受講後に，授業の改善すべき点を省察するために，仮説を設定し，それを実践検証するというアクション・リサーチの手法や考え方を参考にするようになったか」という問いに対しては，「参考にするようになった」と「少し参考にするようになった」の回答を合わ

せると84.5%が肯定的な回答をしている。さらに，記述式回答中に，英語教授力の向上につながるものとして，「授業の振り返りを行う」，「授業をテープやビデオに撮り，授業改善に役立てる」，さらに「生徒にアンケートを実施し，授業改善に役立てる」などという回答があり，意識や行動の変化があったと考えられる。

　この１年間の研修の受講者の中から，さらに各学校で英語教育の推進役を担っていくとともに，校内研修から他校との連携へ，さらに地域において，研修の輪を拡げる役割を担う人材を育成することを目指して計画されたのが，平成16年度から再開された「コーディネーター育成講座」である。

3. コーディネーター育成講座のねらい

　この講座は，「英語教員指導力向上研修講座」修了者を対象に，「英語教授力及び英語運用能力の一層の向上を図り，各学校・地域に英語教育の牽引力となる指導者としての役割を担えるよう，コーディネーターとして活躍できる人材」を育成することを目指している。

　つまり，受講者は研修を通して，英語教授力と英語運用能力の向上を図れるよう，自己研鑽を積むことはもとより，学校内外において研修計画の推進をしたり，授業改善のための校内研究を行う中心的存在となることが期待される。そのため，平成16年度の講座１日目に佐野先生に基調講演をお願いし，「コーディネーターの育成とアクション・リサーチ」と題して，受講者が授業改善を目指した研修の輪を拡げていく推進役としてARをどのように進めていったらよいかについてご講義いただいた。日々の実践の中から課題意識を持ち，授業研究を進めていくためには，同僚や他校の教員との連携は大切な要素である。しかし，職場で「共同研究」を進めていくことは，まずその入り口で，「大きな事」を始めるという先入観を与え，なかなかきっかけを見つけにくいものである。中には「研究」という言葉が「実験」という言葉を連想させて，日々の実践を「研究材料」にしたくないという意見を持つ教員もいる場合があり，

克服していくべき課題である。

　コーディネーター育成講座では，まず，受講者1人1人がそれぞれの授業改善に向けて，ARを行い，その実践結果と経過を所属校の同僚に積極的に提示していくことから，共同研究の仲間作りの芽を育て，ひいては，学校の教育計画に位置づけられるよう，組織的に授業改善に取り組むことが期待されている。

4. コーディネーター育成講座の内容

　この講座の受講者には，研修を通して，授業改善を図り，さらにその結果を他の教員に報告し，研修や研究の推進役となるという役割が課せられている。受講者は，前年度の少人数グループの共同研究での実践の経験をもとに，ARによる授業改善に向けた研究を進めていく。

　第1日目の「コーディネーターの役割とアクション・リサーチ」についての講義は，次のような内容で進められた。

- リサーチの視点の絞り込みについては，言語習得のどの側面に焦点を当てるかを考えるとよい。
- 指導技術を伸ばすプロセスは，コミュニケーション能力を伸ばすプロセスに類似している。自分がこれまでに「教えられた」，または「教えた」方法は，暗黙知（implicit knowledge）として存在しているが，意識的・明示的に（explicitly）指導法に関する知識を取り入れ，それを活用しながら指導力を高めることが必要になる。
- さらに，コーディネーターには，共同研究の場を確保したり，自らの研究成果を普及したりする役割があることを念頭におきながら，研究テーマを設定するとよい。

　受講者は，開講までに個人の課題について概案を考えてくるように指示されている。そして，第1日目の基調講演を受けて，個々の課題を具体的にまとめて，第2日目にレポートを提出した。設定した課題を念頭において，第3～8日までの講義・ワークショップや協議，また8月の2泊3日の宿泊研修の中でその解決方法を見つけ，実践した結果を第9

日目で発表した。発表は次の項目に基づいた順序で行われた。

1） Background（Good points & Points to improve）：生徒の現状把握
2） Problem Identification：問題の確定
3） Preliminary Investigation：予備調査
4） Hypotheses：仮説の設定
5） Plan Intervention：計画の実践
6） Outcome：Was it successful? What worked? What didn't?：結果の検証
7） Collaborative Efforts：How have I shared (or How will I share) this information with my colleagues?（to give a seminar, open my classes to colleagues, etc...）：このリサーチを進める上で、同僚と情報を共有する場面を工夫したか
8） How I changed through the research：このリサーチを通して自分はどのように変わったか

発表時間は20分間で、すべて英語で行うことが課せられている。発表形式は、少人数グループにより同時展開で行うポスターセッションとした。参加者は、それぞれ聞きたいテーマについて一覧表を見て決めておき、スケジュールを立て、発表場所に移動して聞く。発表は発表者がそれぞれ予め用意したポスター、資料やスライド、また授業風景などを提示して、聞き手の表情を見ながら進められた。少人数グループでの発表は、発表者にとっても聞き手にとっても緊張感が和らいで、質疑応答も活発になりやすい環境で好評であった。

受講者に対するアンケートを行ったところ、ポスターセッションについて、評価の高かった項目は次の3点である（数字は0〜4の評価の平均値）。

① ポスターセッションはARの結果を他の参加者と共有するのに有効であったか。(3.60)
② 他の参加者のポスタープレゼンテーションは理解できたか。(3.30)

③ プレゼンテーション後のQ&Aは楽しんで取り組めたか。(3.15)

「研究発表」や「プレゼンテーション」を行うとなると，教員にとっては，緊張感を持ったり簡単には取り組めないイメージを抱いてしまうことが多々考えられるが，今回のように，少人数グループで発表したり，意見交換する場面を取り入れたりすることで，校内研修会，研究会等も，より日常的な雰囲気で，形式にとらわれずに実施できると思われる。

7）のCollaborative Effortsは，コーディネーターとして，授業改善に向けてどのように取り組んでいくか研究を推進してもらうために，項目として設定した。ある受講者から，市内の中学校の研究会でARによる取り組みを始めているという報告があったので，以下に紹介する。

　前年度の全教員対象の研修で，アクション・リサーチがどういうものかを知り，佐野先生の『アクション・リサーチのすすめ』を読んで具体的な進め方を理解することができ，自分もやってみたいと思って取り組んでみた。そして，その有効性を知り，市内の研究会を活性化させるためのきっかけとなるのではないかと考えた。市内の研究会はそれまで，年に数回集まって情報交換をして終わることが多かったが，もっと実のあるものにできないかと他校の教員とも話し合ってきたところだった。そして，「研究」を堅苦しいものと捉えず，自分たちの意識や技能を向上させるよい機会にしたいと考えていたので，アクション・リサーチなら「重荷」として捉えられず，取り組めるのではないかと考えた。研究会では，まず「アクション・リサーチとはどういうものか」をわかってもらうところから始め，アクション・リサーチに関するハンドアウトとフィールドノートを資料に，自分たちの課題となっているものが何かについて情報交換をしながら，テーマを模索した。今後各自が「問題の確定」「予備調査」「仮説の設定」「計画の実践」に向けて考えて行くことを確認している。教員研修での自主研究は「忙しいから」という言葉で敬遠されることが多く，その意識改革は難しいが，研究の必要性を感じている教員もいるので，コーディネーター育成講座で，「アクション・リサーチを始めたことで授業が

楽しくなった」という教員もいることを伝えながら，活性化させていきたいと考えている。

　10日間の研修で，受講者には，研修期間の初期，中間期にそれぞれレポートを提出してもらい，研究の進捗状況を確認してきた。発表も含めて，自分の研修の経過を振り返り，研修後に最終レポートを提出することになっている。

5. 今後の展望

　このコーディネーター育成講座は，県内のすべての公立中学校，県立高等学校に，英語教育に関するコーディネーターを配置することを計画している。教員1人1人が日常的に授業改善に向けて研鑽を積んでいくことが，各学校の特色を生かした校内での研修，研究を推進することにつながり，そしてさらに他校や中・高等学校間での連絡・連携を密接なものにしながら，英語教育に関する情報の共有化を図ることを目指している。まさに，点から線へ，線から輪へ，そして輪と輪が大きなチェーンとして広がっていくことが理想である。

　なお，受講者からは，研究成果の発表の前に，研究方法を確認する中間報告会も計画して進めていけるようにしてはどうかという意見もあった。今後，内容についてもさらに吟味，精選し，受講者がより主体的に進める講座としていきたいと考えている。

（榊原圭子）

第3章 市町村教育委員会レベルでのアクション・リサーチ──広島県三次市の場合

1. はじめに

　平成14年4月，私は中学校現場を離れ，三次市教育委員会に勤務することになった。授業改善を通して子どもに学力をつけるため，基礎学力定着プロジェクト英語部会を組織した。その時，ひとつの決意をした。部会を教員同士の愚痴のこぼしあいで終わらせることなく，会員にとって達成感のある取り組みをし，なんらかの成果を出すことである。悩んでいた時に『STEP英語情報』(佐野 2002-2003) の連載「アクション・リサーチでの授業改善」に出会った。「これだ！」と思った。

2. アクション・リサーチの魅力

　「これだ！」と感じた理由は，今までの授業研究と大きく違うからである。理論からではなく，生徒の実態からスタートすることが新鮮だった。問題を発見し，予備調査をし，自分なりの仮説を立てて取り組む。アクション・リサーチ（以下AR）の実践報告を読んで，これなら授業改善が達成できると思った。そこで，部会に提案し，佐野正之先生に広島県の県北の地，三次で講演をしていただくことになった。

　佐野先生の講演で特に心に残っていることは，問題を漠然と捉えるのではなく，生徒の具体的な行動や英語力の問題点をリストアップし，そのうち，一番取りかかりやすいものから取り組むこと，アンケートなど十分な予備調査を行い，実態を正確に把握し，適切な仮説を設定して忍耐強く実践を続けること，また，生徒といっしょに頑張ろうという姿勢の大切さである。こうして私たちの取り組みは始まった。

3. アクション・リサーチを開始して

　三次市でのARが始まったが，すぐにいくつかの問題に直面した。まず，問題の確定である。リサーチの対象としたクラスでも，問題点を羅列するとたくさんあり，どれがテーマとして適切かが決定できないで苦労した。また，ようやく問題は確定しても，次はその実態を探る予備調査にとまどった。どういう調査が適切なのか，他の実践を参考にしながら，みんなで頭を絞った。さらに，仮説の設定でも苦労があった。課題の解決への道筋が一直線ではないからだ。山の頂上を目指して登山するように，難しい課題に対しては，仮説を何段階か設定して取り組むことが必要なのだが，なかなかそういった発想が出てこなかった。

　だが，みんなの協力を得て，こうした困難をなんとか切り抜け，年度末には実践レポートをまとめ，『アクション・リサーチによる授業改善』という報告書を出すことができた。また，その過程で部会は愚痴のこぼしあいの場ではなく，同じ目標に向かって，同じ言葉で，前向きに話す共同研究の場に変身していた。だが，決して平坦な道ではなかった。1人でARに取り組んでいたら，とてもやり通せなかったと思う。

4. トンネルを抜け出す実践が現れだした

　励みになったのは，部会員に「授業が楽しくなった」という声が聞こえ始めたことである。例えば，元・川地中学の角濱教諭は，3年生のslow learnersに意欲低下が見られることへの対応策を研究したのだが，最終的に以下の仮説を立てた。

　〈仮説1〉　語彙指導の時間を増やし，活動を多様化すれば「わかる単語」が増え，読むこと・書くことへの抵抗が少なくなる。

　〈仮説2〉　1つの課題について，複数の難易度の活動を用意し，取り組ませれば，意欲につながり，読む力・書く力が向上する。

　〈仮説3〉　「考えて」読んだり，書いたりする活動を増やせば，読む力・書く力が向上する。

地道な努力のおかげで，所期の目標を大方達成したのだが，その成果に

ついて『アクション・リサーチによる授業改善』で，次のように述べている。

> ARの取り組みを始めてから，授業は確実に変わった。生徒の英語に対する意欲も高まりを見せた。(中略)これまで自分なりに行ってきた「授業改善」のどんな取り組みよりも，詳しく記録をとり，検証ができた。個々の生徒の状況を把握し，声をかけ，時にはいっしょに悩みながら，話し合いながら勉強するためにフィールドノートは大いに役立った。「生徒とともに学ぶ」ことが実感でき，「授業が楽しい」と自分自身がこれまで以上に思えるようになった。(略)

肯定的な成果が見えたのは角濱教諭だけではない。ARに取り組んだ全員が，それぞれの問題の解決に向けて，着実な一歩を踏み出すことができたのである。詳しくは『アクション・リサーチによる授業改善』を参照いただきたい。

5. どんな時も，アクション・リサーチの考え方で

周辺の町村と合併した平成16年度も次の考えを大切に取り組みを行った。

(1) 互いに助言や意見を述べあいながら活発な討議になるように，部会員をテーマごとの3つのグループに分けて討議を行う。

(2) 十分な予備調査，理論的で適切な仮説の設定が課題である。それを可能にするためには，私(指導主事)自身の研修が必要である。また，ARと同時に，1人1人の教師の授業力，指導技術の向上，英語運用力の向上は急務である。

私自身は，最近，仕事上のいろいろな場面で，ARの考え方で物事を考えている自分に気づく。現場の教師にとってARは，今まで生徒のせいにしてきた教室内の課題を自分自身において見つめること，そしてどうすればそれを変えることができるか前向きに検討し，成果が出る指導に変えていく覚悟であり道筋である。その同じ発想で指導主事の仕事を考えるなら，「部会員が前向きに取り組み，成果のあるARができるよ

うにどう支援すべきか」と真剣に考え，具体的な道筋を作ることである。英語教師も生徒も元気にするAR。新たな仲間を得たこの貴重なチャンスを大切にしたい。

＊実践の詳細に関して知りたい方，『アクション・リサーチによる授業改善』をお読みになりたい方は，下記のアドレスに連絡してください。

　　　shiomach@isis.ocn.ne.jp（subjectに「西田弘栄宛て」と入力して下さい。）

（西田弘栄）

第4章 自主的研究グループ：アクション・リサーチの会＠近畿

1. 研究会設立の趣旨

　教員が，長期的な展望を持って，継続的・体系的に自分の授業を見つめ直し，くり返し指導改善を図っていくことを目指すアクション・リサーチ（以下AR）は，日本の英語教育の核となる日常の授業に改善を加えることができ，さらに，多くの英語教員が実践者として加わりARを実践することになれば，日本の英語教育全体の質的向上にもつながるものと大いに期待できます。しかし，ARには，その実践方法におけるあいまいさや複雑さ，実践者に求められる幅広い知識と技術，そして，実践に伴う時間や労力の負担の大きさなど，その実施上の困難点がいくつか考えられ，中学・高校の現職英語教員の中には，AR実践に興味・関心がありながらも，実際にはなかなかその実践を開始できないでいる方々も多いようです。

　そこで，筆者は，平成15年4月より，文部科学省科学研究費の助成を得て，そのようにAR実践開始のきっかけをつかめないでいる中学・高校の現職英語教員の方々が，ARを円滑に開始・実践する手助けとなるように，オンライン研修プログラムとその実施サポートシステムの開発・提供を試みています。そして，その研修プログラムに参加する英語教員の交流の場として発足させたのが，「アクション・リサーチの会＠三重」（現在は「アクション・リサーチの会＠近畿」に名称変更）[注]です。

2. 参加教員への呼びかけ

　平成15年9月，上記のARの会に所属し，ARを実践して自分の授業を改善していきたいという方の参加を，主に電子メールを活用して呼びかけたところ，三重県内を中心に中学・高校の英語教員4名（以下参加

教員）からの協力が得られました。小さな会ですが，研究会発足時では，その活動や運営は試行錯誤の状態が続くため，お互いの交流が図りやすく，各参加教員からの意見・感想も反映させやすいという点から考えると，現時点では適切な規模であり，充実した交流の場となっています。

3. 活動内容

本研究会では，参加教員の方々に，次の3つの段階に分けて，研修プログラムを提供し，また，参加教員が円滑にARを実践するために必要なサポートも行っています。

まず，参加教員は，オフライン研修会（実際に会う集まり：半日程度1回のみ）に参加し，そこで，ARの基本的な理論や実施手順などを習得します（第1段階）。その後，各参加教員は，自分の勤務校担当クラスにおいて，それぞれARの実践を試みます（第2段階）。そして，リサーチの進行状況に合わせて，AR報告会を開催し，各参加教員が実践したARの研究経過と結果をまとめて発表し合い，お互いに意見・情報交換をし，さらに内省を深めます（第3段階）。このような流れに従って，各参加教員が，自分の授業における疑問点や問題点を見つけ出し，テーマを決め，できる範囲でリサーチを進め，授業改善を図っていくことができることを目指します。

しかし，先にも述べた通り，参加教員がはじめてARを実践する場合，それに伴ういくつかの困難点・疑問点に直面することが容易に予想され，たった1度のオフライン研修会を受講しただけでは，円滑にARを実践することはとうていできないと考えられます。そこで，研修プログラム第2段階のAR実践において，各参加教員が直面する疑問点や問題点に関して，主に電子メールを活用して，筆者から役立つ情報やアドバイスを提供し，円滑にAR実践が進むよう必要なサポートも行っています。

4. 平成15年度の活動状況

平成15年度（活動開始1年目）に，上記のような取り組みを行った結

果，各参加教員が勤務校においてAR実践を計画通りに進めていくことは予想以上に困難であるということがわかってきました。そこで，平成16年4月，参加教員4名に加えて，ARに興味・関心のある高校英語教員3名の計7名を対象者としてアンケート調査を実施し，英語教員のAR実践を困難にしている要因を探りました。三上（2005）では，その調査結果をもとに，英語教員のAR実践を妨げている要因を，(1)リサーチ方法における要因，(2)AR実践者側における要因，(3)リサーチ環境における要因という3つに分類して，それぞれの観点から考察しています。ここでは，その詳細は割愛させていただきますが，現在，その結果を踏まえ，研修プログラムおよび実施サポートシステムの見直しを行い，新たな研修システムの構築に取り組んでいるところです。

5. アクション・リサーチ研究会のあり方

最後に，これまでの研究会の活動を振り返り，筆者自身の反省も含めて，AR研究会のあり方について，特に気づいた点を5つあげておきたいと思います。今後，全国各地で同様の研究会を自主的に立ち上げたり，都道府県教育委員会等によるAR研修会を開催する際に，少しでもお役に立てていただければ幸いです。

(1) ARの実践方法にはあいまいで複雑な部分がどうしても含まれてしまうため，その実践方法はできるだけ具体的に提示する。

(2) ARの実践方法について，1度の説明だけですべてを理解することは大変難しいので，実際にリサーチを実践しながら，実践者が直面するさまざまな疑問点や問題点について，できるだけ素早く適切な情報や助言を与えられる支援体制を作り上げる。

(3) 実践者との意見・情報交換を行う場合には，電子メール，電話，手紙，FAX，あるいは，直接面会するなど，さまざまなコミュニケーション手段をその目的や状況に応じて選択・活用していく。

(4) 実践者は，リサーチ方法や指導法に関する自分の行っているさまざまな判断や決定が本当に正しいものなのかどうか，疑問や不安を感じ

ていることが多い。それらの疑問や不安を解消するためには，研究会・研修会などの主催者・助言者が，参加教員と一緒にARを実践していくという意識・姿勢を持つことが必要である。
(5) 実践者どうしが気軽に交流を図ることができる場を作り上げる。仲間との意見・情報交換は，リサーチ実践への意欲を高め，それを維持することに大変役立つ。また，リサーチに行き詰まった時でも，気軽にその悩みを相談でき，適切なアドバイスを交換しあえる仲間が近くにいることによって，その悩みを乗り越え，リサーチをさらに発展させていくことができるに違いない。

6. 研究会のさらなる充実を目指して

2005年4月より，筆者の勤務校変更にともない，本研究会の名称を「アクション・リサーチの会@近畿」に改め，三重県を中心としたこれまでの参加教員に加えて，新たに近畿地区からの英語教員の方々にもご参加いただき，今後もこれまでと変わらず本研究会の活動を継続，発展させていきたいと考えています。特に，上記の5つの注意点を中心に，これまでの活動を見直し，より効率的・効果的に英語教員によるAR実践を手助けでき，また，AR実践者どうしがより活発に交流できる場を目指していきたいと思います。

なお，本研究会について，興味・関心を持たれた方は，お気軽に筆者までご連絡下さい。一緒にAR実践に取り組んでいきましょう。

＊本研究は，平成15年度より文部科学省の科研費若手研究（B）（課題番号15720141）の助成を得ています。
(注) 詳しくは下記のWeb pageを参照してください。
　　　http://www7a.biglobe.ne.jp/~mikami/ar/index.html
　　　「アクション・リサーチの会@近畿」（旧「アクション・リサーチの会@三重」）
　　　（代表者：三上明洋　mikami@kindai.ac.jp）

(三上明洋)

【参考文献】

Allwright, D. (1988) *Observation in the Language Classroom*. Longman.
—— & M. Bailey (1991) *Focus on the Language Classroom*. CUP.
Altrichter, H. & P. Posch. (1993) *Teachers Investigate their Work*. Routledge.
Asher, J. J. (1977) *Learning Another Language Through Actions : The Complete Teacher's Guidebook*. Pajaro Press, INC.
Burnstall, C. (1978) "Factors affecting foreign language learning" In V. Kinsella (ed.) *Language Teaching And Linguistics : Surveys*. CUP.
Brown, H. D. (2001) *Teaching By Principles*. Prentice Hall.
Burns, A. (1999) *Collaborative Action Research for English Teachers*. CUP.
Carroll, J. B. (1977) "Characteristics of Successful Second Language Learner" In Burt, M. K. and other, *Viewpoints on English as a Second Language*. Regents.
Department for Education. (1995) *Modern Foreign Languages in the National Curriculum*. Welsh Office.
Edge, J. & K. Richard. (eds.) (1993) *Teachers Develop Teachers Research*. Heinemann.
Ellis, R. (1985) *Understanding Second Language Acquisition*. Blackwell.
—— (1990) *Instructed Second Language Acquisition : Learning in the Classroom* (Applied Language Studies). Basil B.
—— (1997) *SLA Research and Language Teaching*. OUP.
Gardner R. C. & W. E. Lambert. (1972) *Attitudes and Motivation in Second Language Learning*. Rowley, MA : Newbury House.
Harmer, J. (2001) *The Practice of English Language Teaching*. Longman.
Jacobs, H., et al. (1981) *Testing ESL Composition : A Practical Approach*. Newbury House.
James, P. (2001) *Teachers in Action : Tasks for in-service language teacher education and development*. CUP.
Krashen, S. & T. Terrell. (1983) *The Natural Approach : Language Acqui-*

sition in the Classroom. Pergamon.
Lougheed, L. (2003) *Barron's How to Prepare for the TOEIC TEST 3rd Edition*. Barron's Educational Series.
Miller, G. A. & P. M. Gildea. (1987) "How children learn words" In *Scientific American*, 257.
Nation, I. S. P. (1990) *Teaching and Learning Vocabulary*. Heinle and Heinle.
Nunan, D. (1989a) *Understanding Language Classroom : A Guide for Teacher-initiated Action*. Prentice Hall.
—— (1989b) *Designing Tasks for the Communicative Classroom*. CUP.
—— (1993) "Action Research in Language Learning" In Edge, J. & K. Richards. (eds.) *Teachers Develop Teachers Research : Papers on Classroom Research and Teacher Development* (Heinemann Books for Teachers). Heinemann.
Nuttal, C. (1982) *Teaching Reading Skills in a Foreign Language*. Heinemann.
O'Malley, J. M., A. U. Chamot, & L. Kupper. (1995) "Listening Comprehension Strategies in Second Language Acquisition" In Brown, H. D. & S. Gonzo, *Readings on Second Language Acquisition*. Prentice Hall.
Richards, J. & C. Lockhard. (1994) *Reflective Teaching in Second Language Classroom*. CUP.
Rivers, W. M. (1968) *Teaching Foreign-Language Skills*. University of Chicago Press.
Robinson, J. E. & N. F. J. Norris. (2001) "Generalization : the linchpin of evidence-based practice ?" In *Educational Action Research* Vol.9, No.2.
Rodgers, T. S. (1969) "On Measuring Vocabulary Difficulty : an analysis of item variables in learning Russian —English vocabulary pairs" In *International Reviews of Applied Linguistics*, 7, pp.327-43.
Sakamoto, N. (2004) *Polite Fictions in Collision*. 金星堂
Schmitt, N. (2000) *Vocabulary in Language Teaching*. CUP.
Skehan, P. (1998) *A Cognitive Approach to Language Learning*. OUP.
Stern, H. H. (1983) *Fundamental Concepts of Language Teaching*. OUP.
Stringer, E. (2004) *Action Research in Education*. Pearson Merrill Prentice Hall.

Trim, J. et al. (2002) *Common European Framework for Reference of Languages : Learning, Teaching, Assessment*. CUP.
Wallace, M. J. (1991) *Training Foreign Language Teachers : A Reflective Approach*. CUP.
—— (1998) *Action Research for Language Teachers*. CUP.
Warschauer, M. (1995) *Email for English Teaching*. Alexandria : TESOL.
——& R. Kern. (eds.) (2000) *Network-based Language Teaching : Concepts and Practice*. Cambridge : CUP.
——, H. Shetzer & C. Meloni. (2000) *Internet for English Teaching*. Alexandria. TESOL.
West, M. (1961) *Teaching English in Difficult Circumstances*. Longman.
White, R. & A. Valerie. (1991) *Process Writing*. Longman.
Willis, J. (1996) *A Framework for Task-based learning*. Longman.

小野瀬雅人（2004）「生徒と教師を元気にする心理学とは」『英語教育』11月号, pp.8-10. 大修館書店
海木幸登（1999）「英語が苦手な生徒へのケア」『英語教育』2月号, pp.23-25. 大修館書店
垣田直巳（他）（1998）『英語のリーディング』大修館書店
金谷　憲（2002）『英語授業改善のための処方箋』大修館書店
——・高知県高校授業研究プロジェクト・チーム（2004）『和訳先渡し授業の試み』三省堂
川越いつえ（2000）「日本人はなぜ英語が聞けないか？」『英語教育』10月号, pp.8-10. 大修館書店
川島隆太（2001）『自分の脳を自分で育てる』くもん出版
菅　正隆（2001）「負の三重奏をどう克服するか」『英語教育』12月号, pp.8-10. 大修館書店
木村裕三（2001）「Ⅷ-3 筆記再生法」門田修平・野呂忠司（編著）『英語リーディングの認知メカニズム』くろしお出版
清川英男（1990）『英語教育研究入門』大修館書店
「月刊学校教育相談」編集部（編）（2004）『相談活動に生かせる15の心理技法』ほんの森出版
國弘正雄（1999）『國弘流　英語の話しかた』たちばな出版
Kochi 2001 アクション・リサーチプロジェクト（2001）『全英連高知大会ア

クション・リサーチ報告集』
河野守夫（1997）「リスニングのメカニズムについての言語心理学研究」『ことばとコミュニケーション』Vol.1　英潮社
佐藤　学（2004）『習熟度別指導の何が問題か』岩波ブックレットNo.612
佐野正之（1992）「Top-downかbottom-upか：リスニングの指導のアクション・リサーチ」『英語音声学と英語教育』開隆堂出版
――（編著）（2000）『アクション・リサーチのすすめ』大修館書店
――・他（2002～2003）「アクション・リサーチでの授業改善」『STEP英語情報』5・6～3・4月号, 財団法人日本英語検定協会
――・米山朝二・松沢伸二（1988）『基礎能力をつける英語指導法』大修館書店
ジョンソン, K. & H. ジョンソン（岡　秀夫・監訳）（2000）『外国語教育学大辞典』大修館書店
杉本　卓・朝尾幸次郎（2002）『インターネットを活かした英語教育』大修館書店
関口和弘（2003）「実践的コミュニケーション能力の基礎を養う英語授業――少人数集団での豊富なInteractionを通して」『平成14年度横浜市教育センター研究紀要　未来を拓く』
高梨庸雄・卯城祐司（2000）『英語リーディング事典』研究社出版
瀧口　優（2003）『「苦手」を「好き」に変える英語授業』大修館書店
竹蓋幸生（1982）『日本人の英語の科学――その現状と明日への展望』研究社
土屋澄男（1990）『英語科教育法入門』研究社出版
リチャーズ, J. C. & C. ロックハート（新里眞男・訳）（2000）『英語教育のアクション・リサーチ』研究社出版
野田俊作・萩　昌子（1989）『クラスはよみがえる――学校教育に生かすアドラー心理学』創元社
野村真理子（2002a）「長期的視野に立ったアクション・リサーチ――スピーキング能力を伸ばすために」『STEP英語情報』5，6月号, pp.24-27. 財団法人日本英語検定協会
――（2002b）「アクションリサーチに基づくALTとのティーム・ティーチング――ALTと連携してスピーキング能力を伸ばす」『英語教育』4月号, pp.20-23. 大修館書店
八田玄二（2000）『リフレクティブ・アプローチによる英語教師の養成』金星堂
羽鳥博愛（1979）『英語指導法ハンドブック4（評価編）』大修館書店
藤井昌子・イヴァン・バーケル（1998）『言語活動成功事例集』開隆堂

──・スティーヴン・アシュトン（2001）『続・言語活動成功事例集』開隆堂
松香フォニックス研究所（1998）『Dr. Phonics' ABC Penmanship & Phonics』松香フォニックス研究所・正進社
三浦省五（1992）「生徒の個性と動機づけ」『英語教育』3月号, pp.14-16. 大修館書店
三上明洋（2005）「アクション・リサーチ実践者育成のためのオンライン英語教員研修実施システムの開発」『中部地区英語教育学会紀要』34号, pp. 83-90.
望月正道（1998）「語彙サイズ測定テスト」『語学教育研究所紀要』第12巻
──・他（2003）『英語語彙の指導マニュアル』大修館書店
文部科学省（2001）『小学校英語活動実践の手引』開隆堂出版
八島智子（2004）『外国語コミュニケーションの情意と動機──研究と教育の視点』関西大学出版部
山内 豊（1996）『インターネットを活用した英語授業』NTT出版
──（2001）『IT時代のマルチメディア英語授業入門』研究社
横溝紳一郎（1999）「アクション・リサーチとティーチング・ポートフォリオ：現職教師の自己成長のために」*The Language Teacher* Vol.23, No. 12, pp.210-231.
吉島茂・大橋理枝（編）（2004）『外国語教育Ⅱ　外国語の学習，教授，評価のためのヨーロッパ共通参照枠』朝日出版社
米野和徳（2003）「工業高校での英語苦手意識克服を目指したアクション・リサーチ」『東北英語教育学会研究紀要』第23号
米山朝二（2002）『英語教育　実践から理論へ』松柏社
──（2003）『英語教育指導法事典』研究社
──・佐野正之（1983）『新しい英語科教育法』大修館書店
和井田節子（2004）「争いごと解決法を生かしたクラスマネージメント」『争いごと解決学練習帳』水野修次郎（編著）ブレーン出版

〈Webからアクセスできる参考資料〉
TOEIC運営委員会（2003）TOEICテスト2002 DATA & ANALYSIS
　　http://www.toeic.or.jp/
ACTFL Proficiency Guidelines—Writing (Revised 2001)
　　http://www.actfl.org/files/public/writingguidelines.pdf

【用語解説】

＊各スキルの背景知識や活動例を紹介する上で使用した主な用語について解説します。

buzz reading（free reading）

一斉読み。教師の合図でクラスの全員がそれぞれの速さで教科書などを音読する活動。全員が一斉に音読する様を，蜂の「ぶんぶん」という音になぞらえて名付けられた。

drill
(mechanical drill /
meaningful drill /
communicative drill)

機械的（mechanical）ドリルは，意味を無視し言語形式の練習を中心にしたもので，代表的なものにはパタン・プラクティスがある。発話する側は，意味的にではなく形式的に正しい反応を求められるから，いわば「おうむ返し」の応答をすることになる。有意味（meaningful）ドリルは，たとえば，絵などを用いて与えられた刺激に対して，意味的にも合致した発話が求められるが，発話内容も形式も教師の側にコントロールされている。コミュニケーション（communicative）ドリルは，形式としては指示された文型を用いるが，内容的には自分に関することを表現する。open sentence practiceなどがその例である。

group reading

少人数のグループで，メンバーがそれぞれの役割や部分を分担して行う音読活動。わからない箇所を尋ねたり，助け合って進めることができるので，音読活動が活発になる。2人で行う場合はpair readingという。実際，ペアで協力してすすめる音読に慣れてからグループで実施したほうが順調にゆくことが多い。

idea-unit

もともとは読解力測定法として用いられる筆記再生法（written recall）で，その分析尺度として使われる。節またはそれに準じる意味のある語句のまとまりなどを単位としたもので，その数によって，文の中にどれくらいの情報量が入っているかが示される。ユニットの分け方についてはさまざまな定義があるが，木村（2001）が紹介しているIkenoによる定義が使いやすいといわれている。

individual reading

指名された個人が音読練習の成果を示すために行うモデル・リーディング。指名する生徒を選ぶときに能力を考慮すれば，いろいろなサンプルを集めることができ，クラスの全体の音読練習の到達度合いが推測できる。

jazz chants

jazz chantsはCarolyn Grahamが提唱する，いわば「音程のない歌」

で，テープや教師のモデルにならって，英語（米語）特有のリズムに合わせてスクリプト（台本）を読むことによって，イントネーション，強勢，音の連結，弱化，脱落といった音変化を練習することができる。また，定型表現の定着や，クラスのムード作りに使用することもある。

mapping
　webbing（クモの巣：インターネットで使うウェブと同じ意味）とも呼ばれ，ある課題やテーマを中心に，そこから思い浮かんだり興味・関心のある事柄を，クモの巣を張るように次々とつなげていきながら課題発見の手がかりを見つけたり，整理したりする手法。具体的には，これから話したり，書いたりする話題について，思いつくキーワードを書き出し，関連したものを結びつけて考えをまとめたり，読んだり聞いたりした要点を書き出し，ネットで関連を示して整理し，理解を確実にするためにも使用する。

open sentence practice
　目標文型の一部を空所にしておいて，それをまずそれぞれの生徒に補充させ，その文を用いて対話させることによって，自己表現に慣れさせる活動。（73ページ参照）以下の流れで扱っていく。①フレームの提示，②モデルの提示と口頭練習，③作文（ライティング），④ペア・プラクティス（スピーキング），⑤全体発表（スピーキング）

overlapping
　モデル・リーディングの音声を聞きながら，テキストを見て同時に読んで，音をかぶせて読む練習方法。リズム，イントネーションなどに注意させて，スムーズに読むことを狙いとするので，これとは別に個々の単語については確実に読む練習も必要。

phrase reading
　英文をフレーズ（意味のあるまとまり，チャンク）で分けながら音読する練習方法。通常，モデルを聞いてフレーズごとに区切りを入れさせ，意味の理解を確認してから実施する。逆に，フレーズを区切り，イントネーションで文構造を表現できれば，意味の理解が行われている可能性が高いと言われている。

process writing
　文の構造を正確に書く練習としてではなく，書きたい内容を考えさせ，版を重ねて書き直しをしながら，次第に作品を完成させるという過程の中で学習を促していくという，学習者中心のライティング指導法。教師の役割は，適切なフィードバックを与えながらそのプロセスを助けることであるとされる。フィードバックについては，文法・語法よりも，内容・構成に関わるものを優先するのが原則だが，生徒の実情に応じて，内容と言語形式の正確さのバランスを考えたフィードバックを与えることが重要である。

rapid reading

速読。個々の文構造や単語に注意を向けるのではなく，必要な情報をすばやく読みとる練習方法。一般的な方法としては，表面にはテキストが，裏面に設問が書かれた用紙を配布し，"Start."の合図でテキストを読み，読み終えてから設問に取り組む。それぞれの所要時間と正答数から，読みのスピードを計算することができる。具体例はwpmの項を参照。

read and look up

文の中の一定の意味的まとまり（フレーズ）を黙読した後，次にテキストから目を離してその箇所を声に出して繰り返す練習。「まとまり」はフレーズ単位のことが多いが，生徒の能力に応じて複数のフレーズをまとめて読むこともある。音読練習のまとめの活動，あるいは復習として利用することが多い。

scanning

特定の情報に焦点を絞り，その情報だけを探してすばやく読む読み方。「探し読み」「情報検索読み」などとも呼ばれる。黙読が原則である。

shadowing

リスニングでは，学習者がモデルの音声を聞きとると同時に，聞き取った音声の後を追って発話を繰り返していく反復練習。ちょうど，影が実物の後についてゆくように繰り返すので，このような名称がついた。これを応用させて，リーディングの言語活動で，学習者がモデル・リーディングを聞いた後，追いかけるようにしてテキストを見ないで読んでいく練習のこともshadowingと称することがある。

skimming

文章の概要把握を目的とし，大まかな意味をざっととる読み方。「走り読み」「要点把握読み」「大意把握読み」などとも呼ばれる。詳細に読む精読の前の活動としてもよく用いられる。頻出する内容語に注意を向け，推理力を働かせながら黙読させることが多い。

Total Physical Response (TPR)

全身反応学習。アメリカの心理学者J. J. Asherによって提唱された外国語教授法で，言語項目と全身動作とを連合させることによって，目標言語を定着させようとするもの。学習者は教師が発する命令文に対し，全身を使って反応することが求められる。発話する必要がないので，学習者は心理的な圧迫をあまり感じなくてすむという利点がある。

T-unit (minimal terminable unit)

1つの主節を含み，付随する従属節や句があればそれも加えた言語単位で，文構造の複雑さを測る指標となる。

例)
I arrived at school, and I saw our homeroom teacher.（T-unitの数は2）
When I arrived at school, I saw our homeroom teacher.（T-unitの数は1）

「1T-unitあたりの平均語数」を求めて，より複雑な英語を話したり書いたりする能力の伸びを数量的に検証したり，T-unitの総数に占める「誤りのない（error-free）T-unit」の割合を求めて，正確さを測定する際に用いる。

t 検定（t-test）

同じ集団の授業実践前の平均点と実践後の平均点の差が，統計学的に意味のある差（有意差）であるのか，たまたま出た誤差の範囲の値なのかを検証するための統計処理の1つで，データがおおよそ正規分布していることが適用条件となる。公式と有意水準別の適用表などで算出されるが，統計ソフトや表計算ソフトでも算出できる。詳しくは清川（1990）など統計に関する書籍を参照されたい。

wpm（word per minute）

1分間に何語の単語を読むことができるかを表す単位。英文を読むのに要した時間を計り，読んだ英文の総語数を時間で割って算出する。

wpm＝総語数÷所要時間（秒）×60（秒）

これに英文理解度という変数を入れて（英文を読んだ後に内容理解テストを行い，その正答率をwpmにかける），実質的な読みの速度を測る方法もある。

実質的速度＝wpm×正答率（正答数／問題数）

105ページ参照。

空読み

本来の音読は，書かれたことの意味を理解し，場面などのイメージを描いてから文字を音声化する活動だが，意味を考えずに声だけ出している音読。空読みさせない指導上の工夫が大切である。

語彙サイズ・テスト

難易度のレベルで分けられたサンプルに答えさせることで，生徒の知っている語彙数を類推するためのテスト。望月テスト（1998）やNation（1990）のリストがよく用いられる。

早読み

rapid readingの1つだが，scanningやskimmingなどと異なる点は，学習者が設問に答えるときに英文に戻って読み返すことを許している。また，音読を伴うこともある。rapid readingが英文を速く読むことを中心にした指導法であるのに対して，ここでは英文を正確に把握することも重視する。

標準偏差（SD：standard deviation）

クラスや学年の点数等にどれくら

いのバラつきが見られるかを表す数値で，値が大きいほどバラつきが大きく，値が小さいほどデータが平均点寄りに集まっていることを示している。平均点が同じでも標準偏差が異なれば，集団の点数のバラつきが異なるので，データを示す場合には，平均，人数とともに標準偏差を示すことが望ましい。下の式で算出されるが，コンピュータの表計算ソフトを用いても算出できる。詳しくは清川（1990）などを参照されたい。

$$標準偏差 = \sqrt{\frac{得点の2乗の合計}{人数} - 平均点の2乗}$$

フォニックス（phonics）

音と文字との対応関係を教えることで，スペルが正しく音声化でき，また，逆に，文字を書く助けにもなるとする指導法。特に，初心者の音読や筆記の指導に効果があるといわれているが，もともと母語話者やSL（第二言語）学習者のために開発されたもので，外国語への応用には反対意見もある。

プラス1の応答

相手の質問に答えるだけでなく，理由を説明したり，例を挙げたり，相手に質問したりして，一文多く話すことで，対話練習をより自然なものにすると同時に，これまで学習した表現を使用するための練習方法。

和訳先渡し方式

教科書の英文が難しいときには，日本語に訳すこともやむをえない。ただ，これに授業時間を割くのはもったいない。そこで，先に和訳を配布し，生まれた時間を音読練習や文法学習，また，読み取りの言語活動などに使用しようという方式。114ページ参照。

【執筆者一覧】 *（ ）内は担当箇所

[編著者]
佐野正之（さの まさゆき）　横浜国立大学名誉教授
（監修および第1部第1章，第2章の執筆）

[編集会議メンバー]（担当箇所順）
中西美保（なかにし みほ）　平塚市教育委員会指導主事（第2部第1章）
宇喜多宣穂（うきた のぶほ）　神奈川県立鶴見高等学校教諭（第2部第2章）
東　麻子（ひがし あさこ）　藤沢市教育委員会教育総務部教育指導課指導主事
（第2部第3章，第4章）
小泉 玲子（こいずみ れいこ）　神奈川県立神奈川総合高等学校教諭（第2部第4章）
村越 亮治（むらこし りょうじ）　神奈川県立外語短期大学講師（第2部第5章）
杉田めぐみ（すぎた めぐみ）　千葉県立保健医療大学専任講師（第2部第6章）
関口和弘（せきぐち かずひろ）　横浜市教育委員会小中学校教育課指導主事
（第2部第7章）
粕谷恭子（かすや きょうこ）　東京学芸大学准教授（第2部第8章）
藤沢和子（ふじさわ かずこ）　川崎市立有馬中学校教諭（第3部）

[執筆協力者]（担当箇所順）
野村志保（の むら しほ）　川崎市立宮前平中学校教諭（第2部第3章）
野村真理子（の むら まりこ）　元高知南高等学校教諭（第2部第3章）
組田幸一郎（くみた こういちろう）　千葉県立成田国際高等学校教諭（第2部第6章）
米野和徳（よね の かずのり）　山形県教育庁高校教育課指導主事（第2部第6章）
奥山 竜一（おくやま りゅういち）　山形大学附属中学校教頭（第2部第7章）
足立智子（あだち ともこ）　浜松市立清竜中学校教諭（第2部第8章）
長﨑政浩（ながさき まさひろ）　高知工科大学准教授（第3部第1章）
榊 原圭子（さかきばら けいこ）　神奈川県立総合教育センター　主幹兼指導主事
（第3部第2章）
西田弘栄（にしだ ひろえ）　三次市立塩町中学校指導教諭（第3部第3章）
三上明洋（みかみ あきひろ）　近畿大学語学教育部准教授（第3部第4章）

[編著者略歴]
佐野正之（さの・まさゆき）
1938年新潟県生まれ。横浜国立大学名誉教授。主な著書に『新しい英語科教育法』(共著)『アクション・リサーチのすすめ』(共著) (以上，大修館書店) など。

はじめてのアクション・リサーチ──英語の授業を改善するために
©Sano Masayuki, 2005　　　　NDC375/x, 215p/21cm

初版第1刷────2005年7月10日
初版第2刷────2009年9月1日

編著者────佐野正之
発行者────鈴木一行
発行所────株式会社 大修館書店
　　　　　〒101-8466 東京都千代田区神田錦町3-24
　　　　　電話(03)3295-6231(販売部) 03-3294-2357(編集部)
　　　　　振替00190-7-40504
　　　　　[出版情報] http://www.taishukan.co.jp
装丁者────下川雅敏
印刷所────広研印刷
製本所────司製本

ISBN 978-4-469-24507-3　　Printed in Japan

Ⓡ本書の全部または一部を無断で複写複製（コピー）することは，著作権法上での例外を除き禁じられています。